SANT PERE DE GALLIGANTS

UN MONASTERIO A LO LARGO DEL TIEMPO

Presentaciones

El Museu d'Arqueologia de Catalunya-Girona, como heredero del Museo de Antigüedades y de Bellas Artes de Girona, está instalado en lo que queda actualmente del monasterio benedictino de Sant Pere de Galligants. Esta ubicación, poco usual y que presenta evidentes problemas museográficos, otorga un valor añadido al museo y un indudable encanto a la visita. De hecho, el edificio por sí mismo merece una visita o varias, como verán los que lean este libro. En el momento actual de renovación de la presentación museográfica del Museu d'Arqueologia de Catalunya-Girona, se ha considerado necesario poner al alcance del público un libro que recogiera la historia del edificio y sirviera a la vez de guía para su visita, que explicara cómo el monumento pasó de ser un monasterio benedictino a ser la sede de un museo de arqueología, uno de los más antiguos de Catalunya, con una historia de ciento sesenta y cinco años. Y también las grandes y pequeñas historias que han tenido lugar en torno a este magnífico edificio románico.

Resalta el autor del libro, Josep M. Llorens, que Sant Pere de Galligants no ha sido precisamente el monumento más estudiado de Girona y que este trabajo no pretende ser un catálogo exhaustivo de los elementos arqueológicos, arquitectónicos o escultóricos que en él se hallan. Con todo, el trabajo, que se ha dividido en tres capítulos, presenta novedades importantes en cada uno de ellos. En algún caso se tratan por primera vez temas desconocidos hasta ahora. El primer capítulo, titulado *Un poco de historia*, recoge minuciosamente datos para recomponer la historia del monasterio y permite contextualizarlo en el espacio y en el tiempo, desde una fundación considerada mítica durante largo tiempo, atribuida, como no podía ser de otra manera en Girona, a Carlomagno, hasta la actualidad.

Del segundo capítulo, *El monasterio*, dedicado a la descripción del monumento y que constituye una guía para la visita, cabe destacar el apartado en que con el título "Del románico a la actualidad: reformas y restauraciones", se presentan las obras rea-

lizadas en el edificio a lo largo de los años. Este tema no solo se ha tratado a partir de la documentación existente, sino que también contiene una importante aportación obtenida de la escasa información sobre las obras efectuadas en el siglo XX y del profundo trabajo de lectura de los paramentos llevada a cabo por el autor, fruto de su larga y valiosa trayectoria como profesional de la arqueología. Esta aportación marcará sin duda un antes y un después en el conocimiento del edificio.

El Cuaderno de campo, que constituye el tercer capítulo, comenta de forma monográfica una serie de temas variados sobre el monasterio y su funcionamiento interno, pero también sobre sus relaciones con ciudadanos e instituciones y, finalmente, aspectos de carácter más anecdótico que harán amena la visita y pondrán al alcance del público detalles interesantes y poco conocidos.

El libro concluye con un glosario que facilita la comprensión de determinados términos que no son de uso habitual y con una completa bibliografía, junto con enlaces a páginas web, que permitirán al lector interesado en el tema acceder a trabajos que le facilitarán ampliar la información sobre el monasterio de Sant Pere de Galligants.

Aurora Martin Ortega
Directora del Museu d'Arqueologia de Catalunya-Girona

Sant Pere de Galligants no es precisamente el monumento más estudiado de Girona. Tanto desde el punto de vista artístico como desde el histórico o arqueológico, los trabajos monográficos que le han sido dedicados pueden contarse con los dedos de una mano.

El libro que están a punto de hojear no pretende llenar este vacío, pese a que algunos temas se presentan aquí por vez primera. No es tampoco un catálogo exhaustivo de los elementos arqueológicos, arquitectónicos o escultóricos que contiene el monumento. Su objetivo es mucho más modesto: quiere ser una invitación a adentrarse en Sant Pere de Galligants mediante un paseo por el edificio y su mundo, una invitación a conocerlo con más detalle.

Todos los temas tratados tienen siempre un referente visual: proponiendo elementos para ver sobre el terreno si se utiliza como acompañante en un recorrido por el edificio, y mediante las fotografías como complemento de una lectura más pausada. Y al buscar un determinado elemento, siempre podremos ver otros que pasaban desapercibidos...

Como en una conversación, aspectos o temas tratados en un capítulo se completan o amplían en otro. El discurso se ha estructurado según un hilo cronológico y temático, pero al visitar el monumento, obras y trazas de épocas diversas se entrecruzan. Con esta estructura se ha intentado reproducir esta sensación de obra viva y en cambio constante que el propio edificio nos transmite.

Dado el carácter divulgativo del trabajo, no se ha incorporado el aparato crítico en forma de notas a pie de página. Todas las referencias bibliográficas consultadas se han agrupado al final del volumen. Cuando algunos trabajos han sido usados más reiteradamente, el nombre de sus autores se ha incorporado al texto. A cada cual lo que le corresponde. Para que quién esté interesado pueda ver el repertorio completo de capiteles y de otros elementos que no se reproducen gráficamente, junto con la bibliografía se indican algunas páginas web que permiten revisarlos en detalle.

Además de con los autores cuya obra hemos utilizado, estoy en deuda con las aportaciones desinteresadas de otras personas, que quiero agradecer. El Sr. Miquel Sitjar i Serra, exdirector de los Serveis Territorials del Departament de Cultura en Girona, tuvo la gentileza de revisar mis versiones del latín y de traducir directamente el texto de una lápida muy enrevesada. Los Drs. Pere Freixas, director del Museu d'Història de la Ciutat de Girona, y Montserrat Moli, con los cuales he tenido ocasión de contrastar, confirmándolos en algunos casos y matizándolos en otros, algunos temas más propios de su competencia como historiadores del arte que de mi formación de arqueólogo. La Dra. Moli tuvo además la deferencia de facilitarme un trabajo suyo sobre Sant Pere de Galligants todavía inédito. El Sr. Lluís Drou y la Sra. Núria Morillo me regalaron una vieja estampa de Sant Pere de Galligants que se reproduce en el lugar adecuado. Finalmente, debo agradecer a todo el personal del Museu d'Arqueologia de Catalunya-Girona su constante estímulo, sus sugerencias y comentarios que han mejorado la forma y el fondo del libro y su predisposición a facilitarme la tarea. Sin su colaboración todo habría sido mucho más complicado.

Ahora ya solo me queda reiterarles la invitación. Sean, pues, bienvenidos a Sant Pere de Galligants.

Josep M. Llorens i Rams

Un poco de historia

El origen del monasterio

Aproximación a Sant Pere de Galligants

El monasterio benedictino de Sant Pere de Galligants fue fundado seguramente durante la primera mitad del siglo X y sobrevivió, como otros muchos, hasta 1835. A lo largo de estos nueve siglos pasó por todo tipo de vicisitudes. Desde perder a casi toda la comunidad por la Peste Negra de 1348 a sufrir las crecidas e inundaciones del Galligants, por no hablar de los numerosos sitios sufridos por la ciudad. Situado junto a la muralla, el entorno de Sant Pere de Galligants fue con frecuencia escenario de combates. Precisamente los sitios napoleónicos de 1808 y 1809 marcaron el inicio del último capítulo de su historia. El monasterio quedó gravemente afectado y la reducida comunidad se encontró sin recursos para reconstruirlo. Con el episodio de destrucción y quema de conventos que estalló en Barcelona el 25 de julio de 1835, los monjes se vieron obligados a exclaustrarse. Las leyes desamortizadoras de 1836 pusieron punto final a la historia del monasterio.

Al ser parroquia del barrio, la iglesia se mantuvo abierta al culto. Hasta 1842 como parroquial y más tarde, como sufragánea de Sant Feliu la Major, hasta 1936.

La Comisión de Monumentos de Girona creó el Museo Provincial de Antigüedades y de Bellas Artes en 1845. Fue abierto al público por la festividad de San Narciso de 1870. El antiguo monasterio alojó la función de parroquia sufragánea en la iglesia y la de museo en el claustro y el sobreclaustro. El monasterio más antiguo de la ciudad se convirtió así en el museo más antiguo de Girona. Actualmente es la sede del Museu d'Arqueologia de Catalunya-Girona.

El monasterio de Sant Pere de Galligants fue establecido fuera del recinto de la *Força Vella*, el recinto amurallado de la *Gerunda* romana y carolingia, al otro lado del río Galligants y cerca de la antigua Vía Augusta, que seguía su camino hacia el norte.

Estaba situado a la entrada del valle de Sant Daniel y al pie de la montaña de Montjuïc. Era un espacio relativamente estrecho y en pendiente, encajado entre las estribaciones de la montaña, el río y un cementerio situado en el área de la vecina iglesia de Sant Nicolau.

Al acceder a Sant Pere de Galligants desde la calle de Galligants, atravesando la antigua entrada al monasterio (aproximadamente en el punto donde, después de pasar el antiguo *Hospital de Clergues* (hospital de clérigos), la calle se estrecha, gira ligeramente a la izquierda y se abre a la calle de Santa Llúcia, veremos la iglesia de Sant Nicolau a la izquierda, las antiguas dependencias monacales a la derecha y, como telón de fondo, la fachada de la iglesia de Sant Pere de Galligants. Si seguimos la calle de Santa Llúcia, un brusco giro a la izquierda nos llevará a las calles de la Rosa y del Àngel. Siguiendo la calle de Sant Daniel, que atraviesa la muralla y bordea el Galligants, en pocos minutos llegaremos al monasterio benedictino femenino de Sant Daniel. Fundado en el año 1020 por la condesa Ermessenda de Carcassona, se mantiene desde entonces en su lugar de origen y con una comunidad de la misma orden. Solo ha sido abandonado ocasionalmente a causa de las guerras.

De la fundación mítica a los primeros documentos

Jeroni Pujades, uno de los más notables historiadores catalanes del siglo XVII, fallecido en 1635, recogía en su *Corónica Universal del Principado de Cathalunya* una tradición sobre el origen del monasterio benedictino de Sant Pere de Galligants que lo vinculaba a Carlomagno, rey de los francos y primer emperador del nuevo imperio de Occidente:

De la fundacion del monasterio de S. Pedro de Galligans de la ciudad de Gerona. Año 778.

En memoria del gallo que en la noche de la pasion de Cristo nuestro

Señor desveló al apóstol S. Pedro de los bostezos y cabezadas que daba despues del profundo sueño que tuvo en el huerto, cuando en casa de Caifás negó conocer al mismo sagrado Maestro y Señor nuestro Jesucristo, es inmemorial tradición de tatarabuelos á sus descendientes que fundó Carlos Magno, cuasi junto al muro viejo de la ciudad de Gerona, un monasterio y convento de monges Benitos á invocacion del mismo santo Apóstol y Príncipe de la Iglesia Católica, llamándole Sancti Petri de Galli cantu, San Pedro de Galligans. Algunos dicen que no fué este el motivo de ese nombre; sino que el barrio donde está sito se llamó Galligans, porque á las puentes que allí están, por las aguas que allí discurren descendiendo en tiempo de lluvias de la vall tenebrosa y montes circunvecinos, llaman Galligans. Mas así como podria ser esto, podria tambien ser que tomase el territorio el nombre del título del monasterio, y llamarse las aguas de Galligans porque pasan junto al dicho monasterio de este nombre. (...) Séase como quiera, que de cosas tan antiguas tarde se puede dar la razon verdadera, yendo con lo mas comun de que Cárlos fundó aquel convento, vamos adelante con él en cuanto fuere posible.

Hállanse de este convento muy pocas y casi ningunas escrituras que tengan antigüedad: porque como antiguamente estaba fuera de la ciudad vieja que llaman la Forza, cuando los franceses en tiempo del rey D. Pedro (el segundo en Aragon despues de la union de estos reinos á la corona) entraron en la ciudad y profanaron los templos, como largamente se contará (si Dios fuere servido) á su tiempo, abrasaron los sacrílegos soldados el monasterio, y las llamas consumieron el título de sus dotes con las demas escrituras de su archivo.

Este peculiar ejercicio de síntesis es un auténtico compendio y referente para los historiadores que lo siguieron: presenta simultáneamente el elemento en el cual se basa el mito de la fundación de Sant Pere de Galligants por Carlomagno (la *inmemorial tradición* que pasa de generación en generación), un ensayo de etimología del nombre de Galligants y la razón por la cual este origen no podía ser contrastado documentalmente (la destrucción del archivo del monasterio por las tropas de Felipe el Atrevido, rey de Francia, en 1285).

A lo largo del siglo XVII, religiosos historiadores como el benedictino Gregorio de Argáiz y Bonaventura Tristany entre otros, insistieron en la fundación del monasterio por Carlomagno. Tristany llegó afirmar, en su *Corona Benedictina*, publicada en 1677, que podía documentar la fundación de Sant Pere de Galligants *mediante muchas escrituras de su Archivo*. Ni que decir tiene que se trata de documentos inexistentes o, en el mejor de los casos, apócrifos. La elaboración pseudohistórica culminó en la publicación, en 1678, del *Resumen historial de las grandezas y antiguedades de la ciudad de Gerona y cosas memorables suyas eclesiasticas y seculares, assi de nuestros tiempos, como de los passados*, obra del fraile mínimo Joan Gaspar Roig i Jalpí, el más ferviente defensor de la venida de Carlomagno a Catalunya en el año 778:

Aver sido Carlos el Grande el Fundador de este gravissimo Monasterio, no se puede poner en duda, pues es esta fundacion vno de los mas calificados testigos que se pueden traer, para prueva de aver entrado aquel glorioso Principe en Cataluña, y de aver expelido los Sarracenos de esta nobilissima Ciudad. Todo quanto en èl se halla, està vozeando vna antiguedad muy venerable, Iglesia, Claustro, y oficinas.

Los mismos monjes de Sant Pere de Galligants consideraban que la fundació de su monasterio por Carlomagno era una *tradición inconcusa*, indiscutible. Así se deduce de un documento redactado por un monje de Galligants entre 1740 y 1744, conocido y utilizado de forma parcial como mínimo desde el siglo XIX, pero que no fue publicado íntegramente hasta hace unos años por el Dr. Ernest Zaragoza: *Resumen de las noticias que se han podido hallar, de la antigüedad, jurisdicciones, presentaciones y otros derechos del imperial y antiquísimo monasterio de benedictinos claustrales de San Pedro de Galligans...*, del cual nos serviremos en más de una ocasión. El autor del documento se servía como fuente de información de la obra citada de Bonaventura Tristany, pero metido de lleno en la búsqueda de documentos antiguos más consistentes, consultó también *Marca Hispanica, sive limes Hispanicus*, de Pèire de Marca, completada por Étienne Baluze y publicada en París en 1688. Y fue precisamente en esta obra, justificación histórica de las nuevas fronteras impuestas por el tratado de los Pirineos, donde el redactor del texto que comentamos halló la que hasta hacia 1980, con una puntual excepción, fue la referencia documental más antigua del monasterio de Sant Pere de Galligants: el testamento del conde Borrell II de Barcelona, fechado el día 24 de septiembre del año 993, por el cual el conde legaba al monasterio diversas propiedades y cuatro cabezas de ganado.

La conclusión era que *de esta donación se colige ser este monasterio de Galligans fundado antes del año 1000 (...). Su iglesia, arquitectura de claustros y demás edificios demuestran bastantemente su mucha antigüedad, fábrica uniforme a las que se ven en otros monasterios nuestros de este Principado cuya fundación sin disputa es del emperador Carlo Magno*. Según esta lógica, tanto en textos impresos como en alguna de las lápidas sepulcrales de la iglesia de Sant Pere de Galligants se pueden leer los atributos de "real" o "imperial" referidos al monasterio.

Esta reiterada filiación carolingia no debió resultar extraña en Girona, ciudad en la que el omnipresente emperador, cuyo culto fue impulsado por el antipapa Pascual III en 1166, tuvo un oficio propio, el oficio de *Sant Carlemany*. Este oficio, instaurado en 1345 por el obispo Arnau de Montrodon en las iglesias y monasterios benedictinos de la diócesis, se celebró hasta finales del siglo XV. Durante mucho más tiempo se mantuvo en la catedral un *Sermó de Carles*. Finalmente, en 1883 el obispo Sivilla ordenó retirar de la capilla de los Santos Mártires de la catedral la imagen de *Sant Carlemany*, una espléndida escultura gótica considerada un retrato de Pere el Cerimoniós, atribuida a Jaume Cascalls, que puede ser admirada en el Tesoro de la Catedral.

El irónico comentario de los agustinos Antolín Merino y José de La Canal, contenido en el volumen 43 de *España Sagrada*, publicado en 1819, muestra la valoración del tema por parte de los círculos eruditos del momento:

Es verdad que como dice el P. Roig quanto se halla en dicho Monasterio está voceando antigüedad; mas no tanta que la llevemos al tiempo de Carlo Magno. (...) Sin temor de errar se puede decir que la antigüedad de los restos que hoy quedan, no pasan del siglo XII.

La otra obra cumbre de la historiografía de origen religioso de principios del siglo XIX, el *Viage literario a las Iglesias de España*, del dominico Jaime Villanueva, ni tan solo lo menciona. Resultaba ya evidente que Carlomagno no había venido nunca a Catalunya y que todas las proezas y fundaciones que se le atribuían, entre ellas la de Sant Pere de Galligants, no tenían ningún fundamento histórico.

Actualmente aún no es posible establecer con precisión el momento de la fundación del monasterio, ya que el acta fundacional no ha sido hallada. Las investigaciones documentales de los últimos años permiten entrever el desarrollo del monasterio a lo largo del siglo X. Un documento publicado y estudiado recientemente por el Dr. Elvis Mallorquí aporta, de manera indirecta, la primera referencia conocida de su existencia: el día 11 de mayo de 1063, los hermanos Otger Gaufred, señor de Monells, Pere Gaufred, abad de Sant Feliu de Guíxols, Arnau Gaufred, Udalard Gaufred y Bernat Gaufred retornaban al dominio de Sant Pere de Galligants (*monasterio Sancti Petri Gallicanti*) un alodio situado en el condado de Girona, en la parroquia de Santa Eugènia, junto al mar, en el lugar de Calonge (cerca de Palamós), con los castillos de Sant Esteve de *Peculiare* y Castell Maur. Este alodio había sido donado al monasterio de Sant Pere de Galligants por el difunto conde Sunyer: *Suniarius, condam comes, dederat domino Deo et monasterio Sancti Petri supranotati*.

El conde Sunyer de Barcelona-Girona-Osona, hijo menor de Guifré el Pilós, gobernó entre los años 911 y 947. Su donación, por lo tanto, permite afirmar con certeza que Sant Pere de Galligants ya existía en la primera mitad del siglo X.

Mediante legados testamentarios, donaciones y compras, el mo-

Fig. 1. Paramento y ángulo de un muro localizado en el subsuelo de la galería oeste del claustro durante la excavación de 1948 (Foto Miquel Oliva i Prat, archivo MAC-Girona).

Fig. 2. Fragmento de sillar de arenisca decorado con un motivo sogueado, reutilizado en la bóveda de la iglesia del siglo XII.

nasterio configuró un dominio inicial en el llano de Girona, Salt y Santa Eugènia (Gironès) y en Mont-ras, Palafrugell y alrededores de Palamós (Baix Empordà).

¿Qué nos dice la arqueología?

Los datos arqueológicos sobre los primeros tiempos del monasterio son aún más escasos y fragmentarios que los documentales. Proceden de intervenciones puntuales realizadas durante las obras de restauración o de acondiciomamiento de Sant Nicolau y de Sant Pere, entre 1947 y 1975. Los Drs. Josep M. Nolla y Marc Sureda, mediante una revisión de la mayor parte de estos datos, han podido elaborar una hipótesis bastante plausible sobre la evolución del entorno de Sant Nicolau, junto al cual se instaló el monasterio.

Sobre los cimientos, ya enterrados, de una antigua villa romana abandonada, fue instalado un cementerio en un momento impreciso de la baja antigüedad. Una de las tumbas excavadas puede datarse en el siglo X. Se trata, pues, de un cementerio utilizado durante siglos por los habitantes de la zona. Asociada a este cementerio hubo, según parece, una capilla que fue sustituida por la iglesia de Sant Nicolau. Esta iglesia estaba formada originalmente por cuatro ábsides decorados con arcuaciones y bandas lombardas (el cuarto fue derribado al construirse la nave actual), y coronada por un cimborrio que puede fecharse en el siglo XII.

Desde el punto de vista arqueológico, en el área ocupada actualmente por la iglesia y el claustro, solo hemos hallado tres elementos que puedan aproximarnos a los momentos iniciales del monasterio:

- En 1948, cuando se rebajó el pavimento, reformado y recrecido, de la galería oeste del claustro, apareció el paramento externo y un ángulo de un muro que pasaba aproximadamente por su centro, ligeramente desviado respecto de la orientación de la galería actual. Alguno de los sillares que lo formaban era de arenisca.

- En 1958, al levantar el pavimento moderno de la iglesia, fueron localizadas diversas estructuras arqueológicas de épocas variadas. Bajo el enlosado de la nave central (siglo XII) al pie del pilar más cercano al transepto por el lado izquierdo, se documentaron dos enterramientos. A juzgar por los escasos datos conservados, uno de ellos, orientado aproximadamente de sur a norte, tenía cubierta de losas, paredes construidas con cantos rodados y el fondo formado por tégulas romanas. El otro, justo a su lado, parecía una fosa simple y estaba orientado de oeste a este.

- Al quitar el revoque de la bóveda de la iglesia, en el tramo de la nave central más próximo al transepto, aparecieron, usados como material de construcción de la bóveda del siglo XII, tres fragmentos de sillares de arenisca esculpidos. Miden entre 12 y 14 cm de anchura por una longitud de unos 30 cm dos de ellos y de 60 cm el tercero. El mayor está decorado con un motivo sogueado y los otros dos con motivos vegetales o palmetas. Actualmente siguen en su emplazamiento, pero son muy difíciles de ver. El único elemento estructural de arenisca visible en la obra del siglo XII es el fuste de la columna que separa los dos absidiolos del brazo meridional del transepto.

Hasta que no se haya realizado un análisis global de estos elementos arqueológicos, nos limitaremos a proponer unas observaciones puntuales.

En Girona, elementos esculpidos de arenisca, como las esculturas y relieves que pueden verse en el museo, son frecuentes en época imperial romana. Como material de construcción, la are-

nisca fue también utilizada en la obra de la muralla bajoimperial. Muy cerca de Sant Pere de Galligants podemos ver un magnífico ejemplo en el portal de Sobreportes, al pie de la catedral. Esto no significa que los elementos decorativos de arenisca reutilizados en la bóveda o el fuste de columna sean a la fuerza romanos. Solamente un análisis estilístico meticuloso nos permitirá precisar su filiación cultural y cronológica.

Por lo que se refiere a las tumbas de la nave central, habrá que matizar si se avienen más con el cementerio localizado debajo y alrededor de la iglesia de Sant Nicolau, cuyos límites nos son desconocidos, o bien si pertenecen a una fase antigua del monasterio de Sant Pere. Por el momento nos limitamos a señalar su presencia y la problemática que comportan.

Fig. 3. Fragmento de sillar de arenisca decorado con un motivo vegetal, reutilizado en la bóveda de la iglesia del siglo XII.

¿Y el muro bajo la galería oeste del claustro? Sin contexto estratigráfico, es precario darle una atribución precisa, pero por su ubicación podría pertenecer a la estructura arquitectónica del monasterio fundado, según parece, en la primera mitad del siglo X, cuya iglesia y cuyo claustro fueron nuevamente construidos en el siglo XII. Iglesia y claustro que, restaurados y modificados, podemos contemplar hoy en día.

El paso del tiempo

Una comunidad pequeña

La comunidad de Sant Pere de Galligants no era precisamente de las más numerosas. Con frecuencia andaba corta de efectivos. Además de los monjes, incluía un número variable de beneficiados que recibían, como los monjes, la porción del abad y tenían la obligación de asistir con ellos a los oficios. También había un par de sacerdotes de patronato laico.

Hacia 1331, según el abad Guillem de Socarrats, el número de monjes oscilaba en torno a la docena. En 1348 eran 14 y en 1387, además del abad, la comunidad estaba formada por 10 monjes y 7 beneficiados. A partir de estos años la cifra tiene tendencia a la baja. En 1492, el visitador pastoral solo encontró 4 monjes y dijo que hacían falta como mínimo 8. En 1532 el abad estaba ausente y los monjes eran escasos, *in exiguo numero*. Estamos en la época de los abades comendatarios, que a veces acumulaban más de una abadía y solían estar ausentes de ellas.

En el siglo XVIII, y hasta la guerra de la Independencia, el número de monjes se estabiliza. Hacia 1744 eran abad y 6 monjes, tres de los cuales acumulaban las dignidades, 6 beneficiados porcioneros y 2 sacerdotes que asistían al abad cuando actuaba de pontifical, administrando mitra y báculo. El número de monjes es el mismo en 1805, con la salvedad que en este año no hay referencias a los beneficiados. Al final de la guerra de la Independencia y de la subsiguiente ocupación, la comunidad regresó al monasterio: en 1815 solo eran 4 monjes sin abad, que había fallecido, 1 sacerdote y 1 beneficiado. Finalmente, ya en los últimos años del monasterio, en 1833, la comunidad tenía abad y 4 monjes, 1 vicario para la cura de almas y 5 beneficiados.

El monasterio y las jurisdicciones

En el año 992 el monasterio de Sant Pere de Galligants obtuvo del conde Borrell II la jurisdicción civil y criminal sobre los habitantes del burgo de Sant Pere, que debió formarse y consolidarse en torno al monasterio.

Siguiendo con la tradición condal de donación de bienes y de sujeción de monasterios catalanes a la abadía languedociense de Santa Maria de la Grassa, cerca de Carcassona, que se remontaba al siglo IX, en 1117 Ramon Berenguer III le sujetó el monasterio de Sant Pere de Galligants. En aquel momento el abad de La Grassa era un hermano uterino del conde, llamado Berenguer. El argumento de la sujeción fue corregir la negligencia y la relajación en la observancia de la regla monástica que, según él, tenía lugar en Sant Pere de Galligants. Desconocemos cuánto duró esta sujeción.

La jurisdicción del monasterio sobre el burgo de Sant Pere fue confirmada por Alfons I en 1171, previo pago de 300 sueldos, y por el papa Honorio III en 1216. En 1334, los jurados de Girona solicitaron a Alfons II la reintegración a la Corona de la jurisdicción del burgo. Finalmente, el día 11 de marzo de 1339, el abad Guillem de Socarrats la permutó con Pere el Cerimoniós, a cambio de una renta anual de 400 sueldos, que el conde-rey percibía de la villa y castillo de Palafrugell como importe de una cena que debían costearle cada año.

A finales del siglo XVI, en 1592, una bula del papa Clemente VIII ponía bajo la jurisdicción del monasterio de Sant Pere de Galligants al monasterio de Sant Miquel de Fluvià y al priorato de Sant Miquel de Cruïlles, ambos benedictinos.

Inscripción funeraria del abad Rotland (1154)

A+ω QUA*m* CITO MUTATUR : QUICQu*I*D P*rae*SE*n*TER AMATUR : EXITUS OSTENDIT : QUO MUNDI GL*ori*A TENDIT : OSSA VE*nera*NDA PATRU*m* : FEC*it* : REVE*ren*TIA FR*atr*UM : ABBAS RODLANDUS : VENERABILIS ARCHIL*evi*TA CUM PATRE B*er*NARDO : FRUITUR P*er*PET*u*E VITA

Fig. 4. Inscripción funeraria del abad Rotland (1154).

Fig. 5. Inscripción funeraria del abad Bernat Aguiló (1273).

Cuán rápido cambia lo que en este mundo es amado.
La muerte manifiesta hacia dónde va la gloria del mundo.
La reverencia de los hermanos hizo a los huesos de los padres dignos de veneración.
El abad Rotland, venerable archilevita, junto con el padre Bernardo, goza perpetuamente de la vida.

Inscripción funeraria del abad Bernat Aguiló (1273)

: AB[BAS MIR]AE BONITATIS : HIC : BerNardus AQUILUS :
: TUMULATUR Qul BEATIS : DOTaTUR VIRTUTIBUS :
: ZUFFRaGAMEN PAUPerTaTIS : CASTUS RECTus ET PIUS :
: [D]AT CANDELAM FERIATIS : VESPerlS ET NOCTIBUS :
[: L]AMPAS MATRI PIETATIS : ASTAT Per HUNC NOCTIBUS :
: ET ALTARE SANCTITATIS : DITAT LIBAMINIBUS :
: IACOBI CUM QuO IN ALTIS : REQulESCIT SEDIBUS :
[:] XIII : KaLendas IUNII ANNO DomiNI : M° : CC° : LXX° III° :

Aquí está enterrado el abad de admirable bondad Bernat Aguiló, dotado de bienaventuradas virtudes. Fue soporte de la pobreza, casto, recto y piadoso. Dio candela para las vísperas feriadas y las noches. Por él brilla en las noches una lámpara frente a la Virgen de la Piedad y dotó con ofrendas el altar de San Jaime, con quien reposa en las altas sedes. 20 de mayo del año del señor 1273.

Tiempos de guerra: las fortificaciones y los sitios

Sant Pere de Galligants fue fundado extramuros de la *Força Vella* de Girona. El burgo de Sant Pere y los demás núcleos de población exteriores estuvieron sometidos al peligro de posibles ataques hasta que se construyó la muralla que los rodea. Es un tópico de la historiografía barroca que el monasterio resultó gravemente dañado por el asedio de Felipe el Atrevido de Francia (1285), que le conllevó, entre otros perjuicios, la pérdida de su archivo. Ya hemos visto que se han conservado documentos anteriores a esta fecha, actualmente en curso de estudio. Fuera como fuera, la situación no debía resultar cómoda, y en 1378, Pere el Cerimoniós consideró que

> Como Nos, por evidente utilidad y restauración de dicha ciudad y sus habitantes, hayamos deliberado y ordenado que el monasterio e iglesia de Sant Pere de Galligants, piadosamente fundado por nuestros predecesores y al cual Nos tenemos especial devoción, y también la plaza llamada el Planiol y alguna parte del burgo del mencionado Sant Pere sean amurallados y en ellos sean construidos un muro, torres y fosos buenos y de fácil defensa (...).

El muro revistió por el exterior la cabecera de la iglesia y, pasando sobre el Galligants, enlazó con la muralla de la *Força Vella*. Los ábsides fueron sobreelevados y convertidos en torres y se abrió una puerta, la de Sant Pere, hoy derribada, sobre el camino del valle de Sant Daniel. El monasterio quedó integrado en las defensas de la ciudad. Poco a poco, la base de los ábsides fue terraplenada y sus ventanas, tapiadas, dejaron de iluminar el interior de la iglesia.

Los sitios de 1808 y 1809 marcaron el inicio del fin del monasterio. Según el teniente coronel Guillermo Minali, comandante ingeniero de la plaza, entre junio de 1808 y mayo de 1809 la iglesia de Sant Pere de Galligants fue habilitada como hospital de sangre. La puerta y el claustro fueron blindados. En Sant Nicolau se construyeron dos hornos de pan para la tropa. El monasterio fue la primera sede de la ceca de Girona, donde se acuñaron los famosos duros emitidos durante el sitio. Se exigió el libramiento de la tercera parte de las joyas y objetos de plata de los vecinos del corregimiento de Girona, tanto eclesiásticos como seglares, y también de la tercera parte de la plata de las iglesias no necesaria para el culto.

En una fecha que no hemos podido precisar, durante las obras de restauración, aparecieron, ocultos bajo un enlosado, un cáliz y una patena que pueden fecharse entre los siglos XVII y XVIII y parte del revestimiento de plata del brazo de una cruz del si-

Fig. 6. La cabecera y el campanario de Sant Pere de Galligants fortificados (Foto Valentí Fargnoli, archivo MAC-Girona).

Fig. 7. El burgo (y parroquia) de Sant Pere rodeado por la muralla que ordenó construir Pere el Cerimoniós en 1378 (Foto Valentí Fargnoli, archivo MAC-Girona).

glo XIV. Son los únicos objetos litúrgicos del monasterio que han llegado hasta nuestros días. Debieron ser ocultados durante el sitio o la ocupación francesa, cuando la comunidad tuvo que abandonar el monasterio y solo permaneció en él el sacristán, en compañía de algunos clérigos. Jamás fueron recuperados. Posiblemente porque durante la guerra fallecieron algunos monjes, incluido el abad, Francesc Xavier d'Esteve i Sabater. Según los inventarios, el monasterio tenía, en 1805, siete cálices y tres cruces. En 1833 solo dos cálices y una cruz.

En las fotografías antiguas puede verse que el campanario tiene el piso superior reconstruido de forma muy poco cuidada. Así tuvo que hacerse en 1814 para devolverle la funcionalidad, ya que había resultado muy destruido por los disparos de la artillería francesa. El camarero, Joaquim Llauder, informó con meticulosa precisión del estado a que había llegado el monasterio en 1814 como consecuencia de la guerra:

Sola la Iglesia es la que queda menos destruída, con todo que los solos reparos de cubrirse, pila bautismal, limpia y otras obras necesarias para ponerla corriente en lo material, costarán quinientos duros. Cuente V. S. después que no tenemos retablo alguno, quemado el coro, sacristía, y todo el maderaje de ella: sin órgano, sin libros de coro, sin copón y con sólo dos cálices que de casualidad se salvaron: sin campanas, y sin un cuarto a que acudir para tanto gasto.

En 1815, para celebrar los oficios, fue necesario habilitar la iglesia de Sant Nicolau. Los monjes que regresaron al monasterio tuvieron que alojarse en una casa alquilada. En 1825 se estaba reconstruyendo el palacio abacial; en 1830 la iglesia estaba en condiciones, pero el claustro y las casas de los monjes seguían en ruinas. En 1833 se habían reedificado la casa del sacristán, la sala capitular y la casa del camarero. En el momento de la exclaustración, en el verano de 1835, el monasterio aún no se había recuperado de los daños de la guerra.

Fig. 8. Sant Pere de Galligants y Sant Nicolau en un grabado publicado en 1859 ([Fernando Patxot], *Las delicias del claustro...*, entre pág. 160 y 161).

La parroquia de Sant Pere

Además de las funciones que le correspondían como iglesia del monasterio, la iglesia de Sant Pere de Galligants ostentaba la condición de parroquia del burgo. Era la parroquia de Sant Pere. La función parroquial sobrevivió al monasterio, puesto que perduró hasta 1842, cuando Sant Pere perdió la parroquialidad en beneficio de Sant Feliu la Major, de la cual se convirtió en sufragánea. La vecina iglesia de Sant Nicolau, que se hallaba dentro del cementerio y clausura del monasterio, atendida en origen por un beneficiado en funciones de vicario del abad, complementaba en cierta forma las funciones parroquiales. El *Resumen de las noticias que se han podido hallar...*, documento del siglo XVIII del cual ya hemos hablado, es la base utilizada, desde que Narcís Blanch i Illa lo publicó parcialmente a mediados del siglo XIX, para delimitar el reparto de funciones entre las dos iglesias, con la matriz parroquial siempre en Sant Pere. A él nos remitimos.

Cuando fue redactado, el vicario era un clérigo secular nombrado por el obispo. En Sant Nicolau únicamente eran administradas la eucaristía y la extremaunción. Así, dice el documento, los feligreses podían ser atendidos tanto de día como de noche sin perturbar los oficios divinos, las horas litúrgicas que los monjes cantaban en el coro a lo largo de las 24 horas del día (vigilias, laudes, prima, tercia, sexta, nona, vísperas y completas). El bautismo se administraba en la iglesia del monasterio, donde aún se conserva la pila bautismal, y allí se publicaban desde el púlpito las órdenes y los decretos pontificios. Sant Nicolau no podía tener expuesto el Santísimo y tenía que permanecer cerrada durante las principales festividades del año. Tampoco tenía cementerio propio y cuando había algún entierro, el sacerdote se limitaba a acompañar el cuerpo del difunto hasta la puerta del cementerio parroquial, donde era acogido por la comunidad y los beneficiados del monasterio, que celebraban el funeral en la iglesia monástica. Misas, aniversarios y dotaciones, propios de la parroquia, eran fundados en la iglesia de San Pedro. Así lo indica el texto de alguna de las lápidas. Como en todas las parroquias, la administración y la gestión económica corrían a cargo de la obra. Los obreros –dos laicos, un monje y un beneficiado– eran elegidos cada año el domingo siguiente a la festividad de San Pedro, como los bacineros y pavordes.

Esta especie de dualidad podía comportar situaciones conflictivas entre las partes. Se hicieron necesarias concordias entre el obispo y el monasterio por los derechos parroquiales y en ocasiones se producían situaciones curiosas, como en 1720, cuando el visitador benedictino pidió las llaves del baptisterio al sacerdote de Sant Nicolau y éste respondió que las tenía el obispo. Situaciones parecidas se daban también en lugares como Breda, donde fueron frecuentes los conflictos entre el abad del monasterio de Sant Salvador y el párroco de Santa Maria, justo al lado, hasta el momento mismo de la exclaustración. Algunas eran tan pintorescas como decidir quién tenía derecho a tocar las campanas en determinadas circunstancias.

La jurisdicción que le confería la dignidad abacial sólo podía ser ejercida por el abad *intra territorium et clausuram monasterii*, es decir, dentro de los límites del monasterio, pero no en el resto de la parroquia. Así, los abades mitrados de Sant Pere de Galligants no podían participar en la procesión de la octava de Corpus por las calles de la parroquia revestidos de pontifical. La procesión acababa en la iglesia del monasterio, donde el Santísimo era expuesto en el monumento. Para evitar conflictos con el obispo, el Santísimo era portado por el prior, revestido con los ornamentos indicados para el caso, y el abad, que presidía el acto, se mostraba vestido simplemente con el hábito coral y no con los ornamentos que le hubieran correspondido por la dignidad que tenía conferida.

Gente del barrio: Sant Pere de Galligants y los curtidores

Una de las actividades económicas predominantes en el burgo de Sant Pere, como mínimo desde el siglo XIV, era la de los curtidores. Los curtidores (en catalán: *blanquers*) eran el primer nivel del trabajo de la piel. Limpiaban las pieles de pelo y de los restos de carne y las curtían para dejarlas listas para los diversos artesanos que utilizaban el cuero, la piel curtida, como materia prima de sus oficios.

Hasta épocas muy recientes, la mayor parte de los curtidores gerundenses vivía y trabajaba en este barrio. Una de las razones de Pere el Cerimoniós para ordenar la fortificación del burgo de Sant Pere en 1378 fue, precisamente, *que per lo dit mur del dit burch serà salvat tot l'offici de la adobaria e blanqueria, qui és profit comú e necessari a la dita ciutat* (que por dicho muro se protegerá el oficio de la curtiduría, beneficio común y necesario para la ciudad).

Una convivencia de siglos dejó sus huellas en el barrio, algunas de las cuales son visibles aún hoy en día. La cofradía de los

Fig. 9. El *lleó dels blanquers*.

Fig. 10. Esta fotografía nos muestra el dintel con el león en su ubicación original, sobre la puerta principal de Sant Nicolau (Foto Valentí Fargnoli, archivo MAC-Girona).

curtidores, que data de 1348, tenía su sede en la iglesia de Sant Nicolau. En una puerta vecina a dicha iglesia, frente a los edificios del monasterio y al lado del antiguo hospital de clérigos, se puede ver un dintel con un león coronado y la fecha 1763. Es el *lleó dels blanquers*, el emblema del gremio. Originalmente el dintel se hallaba sobre la puerta principal de Sant Nicolau, justo al lado, de donde fue trasladado a su ubicación actual durante la restauración de 1942-1943. Fue asimismo el gremio de curtidores quien contrató, en 1515, la construcción de un retablo para Sant Nicolau, que no se ha conservado.

Sant Nicolau era la sede de la cofradía, el centro de las actividades sociales y religiosas vinculadas al oficio, pero la iglesia monástica de Sant Pere de Galligants lo era de la parroquia, clave de bóveda de los rituales y prácticas que regulaban el ciclo de la vida de los habitantes del burgo: en ella eran bautizados y en su cementerio eran enterrados. El gremio de curtidores financió la pila bautismal, fechada en 1550, que ostenta un escudo gremial y que puede verse cerca de la entrada de la iglesia a mano izquierda. Diversas lápidas, actualmente situadas en la nave central y en el claustro, ponen de manifiesto que algunas familias de curtidores que podían permitirse el gasto que ello suponía, tenían la sepultura en el interior de la iglesia, compartiendo espacio funerario y beneficios espirituales con los abades del monasterio.

El león de los curtidores, y por lo tanto la comunidad que representaba, estuvieron también presentes en las celebracions profanas y religiosas que marcaban el curso del año en el barrio. En Carnaval, un *lleó de bulto* se paseaba por sus calles acompañado por una comparsa. A partir de 1812, en un momento en que el sistema gremial ya estaba en decadencia, el león de los curtidores se incorporó al bestiario de la procesión de Corpus hasta que fue arrastrado por la inundación del 18 y 19 de octubre de 1843, precisamente de Sant Pere de Galligants, donde era guardado durante el año.

La biblioteca del monasterio

Cuando en 1966 fue derribada la casa adosada al lado derecho de la fachada de Sant Pere de Galligants, quedó al descubierto un cuerpo de edificio construido sobre la cubierta de la nave lateral de la iglesia después de la desamortización, cuando las edificaciones monásticas anexas ya eran propiedad privada. Para construir este cuerpo de edificio se habían utilizado materiales de otras partes del monasterio, derribadas o modificadas. Entre estos materiales figuraban dos dinteles cuyas inscripciones indicaban que su ubicación original había sido la biblioteca del monasterio. Actualmente pueden contemplarse en el ángulo noroeste del claustro, junto a la primera puerta que comunica con la iglesia, aproximadamente bajo el lugar donde fueron halladas:

Fig. 11. Dintel de la biblioteca del monasterio, fechado en 1679.

1679

BIBLIOTHECA COENOBITICA.

DUM VENIO ATTE*n* DE LECTIONI, EX-

HORTATIONI, ET DOCTRINAE. PAU*li*. I. TIMOTH*eum*. 4.

1679

Biblioteca del monasterio

Hasta que yo llegue, dedícate a la lectura, a la exhortación, a la enseñanza

(1ª Carta de San Pablo a Timoteo, 4)

1679

QUI DILIGIT DISCIPLINA*m* DILIGIT

SCIENTIAM PROV*erbiorum*. C. 12.

1679

El que ama la instrucción ama la ciencia

(Proverbios, 12)

Sobre la primera de ellas campea el escudo del promotor de la obra. Cuando fueron localizadas, y también años más tarde en un segundo intento, las fechas fueron mal leídas y el escudo

Fig. 12. El escudo del dintel fue identificado gracias a este sello de 1666, con el escudo de Jeroni Abrich (F. de Sagarra, *Sigillografia catalana*, núm. 4751).

atribuido erróneamente a un abad. En realidad, el escudo, identificado con precisión a partir del sello del personaje, pertenece a Jeroni Abrich. Este doctor en Sagrada Teología, que en 1642 era novicio del monasterio de Sant Esteve de Banyoles, en 1686 fue nombrado abad de Santa Maria de Serrateix, donde falleció al año siguiente. En 1655 llegó a Sant Pere de Galligants al permutar la dignidad de limosnero del monasterio de Banyoles por la de pavorde y camarero de Galligants, donde también fue prior y vicario general.

Como el antiguo proverbio benedictino *Monasterium sine armario quasi castrum sine armamentario* (un monasterio sin biblioteca es como un campamento militar sin arsenal), estos dinteles nos informan de un hecho evidente: la existencia de una biblioteca monástica. Lo que no podemos saber es desde cuándo el monasterio disponía de ella ni cuál era su contenido. En algunos casos se han conservado reseñas de los fondos de diversas bibliotecas de monasterios benedictinos e incluso, como en el caso del de Sant Feliu de Guíxols, inventarios exhaustivos (en 1785 contenía más de 2.500 volúmenes), pero de la de Sant Pere de Galligants bien poco podemos decir.

Durante sus 30 años en Sant Pere de Galligants, Jeroni Abrich dejó huella en el monasterio, como veremos en más de una ocasión. A la biblioteca, además de los dinteles con su escudo y los textos que mostraban su erudición bíblica, le legó su biblioteca familiar.

Las fuentes utilizadas por el redactor del *Resumen de las noticias que se han podido hallar...* permiten suponer que en la biblioteca debía hallarse un ejemplar de la *Marca Hispanica* de Pèire de Marca y de la *Corona Benedictina* de Bonaventura Tristany. El texto de una lápida que comentaremos más adelante permite suponer que quien la redactó, además de conocer el Nuevo Testamento, también leía a Cicerón.

Por un documento del Archivo Diocesano sabemos que el 4 de julio de 1348, para pagar unas deudas del abad Pere de Font (fallecido aquel año a causa de la Peste Negra) Bernat sa Rovira, limosnero del monasterio, entregó a Bernat de Balbs una serie de libros: un Breviario, una Biblia, unas Clementinas, un Cizèn (Sexto Libro de las Decretales) y un *Voragen in quo continentur sermones*. Las *Constitutiones Clementinae* (o Clementinas), decretales de Clemente V, fueron publicadas por Juan XXII en 1317. Las *Decretales Gregorii IX* (también conocidas como *Liber Extra*), recopiladas por San Ramon de Penyafort y publicadas en 1234, fueron completadas por Bonifacio VIII con el *Sextus liber decretalium* (1298). La *Legenda Sanctorum* (o *Legenda Aurea*) es una recopilación hagiográfica elaborada por Jacopo da Varazze o da Varagine (Santiago de la Vorágine) hacia 1260, que gozó de gran difusión y sirvió de fuente iconográfica para los artistas de los siglos siguientes. Por la fecha (1348) resulta evidente que todos estos libros eran manuscritos. El uso de libros como prenda, como pago de deudas, comprados, vendidos, legados en herencia y objeto de todo tipo de transacciones es un fenómeno bien documentado en época medieval, que nos indica el alto precio que podían llegar a tener.

Y esto nos lleva a otro tema, relacionado con la biblioteca y los libros. ¿Disponía Sant Pere de Galligants de un *scriptorium*, y por lo tanto de monjes copistas e iluminadores de manuscritos? Tampoco lo podemos saber con precisión, pero así podría deducirse del hecho de que el *Breviarium secundum consuetudinem diocesis gerundensis* o Breviarium Gerundense, de Vidal de Blanes, abad de Sant Feliu de Girona entre 1337 y 1342 –un bello volumen iluminado que contiene la versión más antigua del oficio de *Sant Carlemany*, conservado en el Archivo Capitular de Girona– "fue acabado por la mano de Pere Arnau de Pujol, entonces clérigo de Sant Pere de Galligants" en 1339:

... anno Domini M° CCC° XXX° IX° (...) Breviarium istud fuit completum per manum Petri Arnaldi de Podiolo tunc clerici Sancti Petri de Gallicantu.

Apuntes de arte: altares, retablos y vitrales

Nos hemos habituado a ver la iglesia de Sant Pere de Galligants con las paredes desprovistas de toda ornamentación salvo los capiteles, toda ella del color grisáceo de la piedra de Girona, únicamente resaltado por la luz que entra por el rosetón, por las ventanas y por las puertas del claustro. Desde el punto de vista de la liturgia esta es una imagen distorsionada. Como era habitual en las iglesias, la de Sant Pere de Galligants estaba llena de altares, de capillas y de retablos que, especialmente a partir del Barroco, debían proporcionarle un aspecto radicalmente distinto: colores vivos, reflejos dorados de lámparas y cirios, luz matizada por los colores de los vitrales. Aún se conservan, en el intradós de los arcos formeros, que separan las naves, los elementos de hierro de los que pendían la lámparas. Tenía coro, órganos, púlpito... A lo largo de los siglos, la iglesia fue adaptando su estructura y su ornamentación a las necesidades litúrgicas y a las nuevas modas artísticas. Toda una escenografía al servicio de la religión, estructurada, pautada y bien definida, de la cual solo nos queda constancia a través de algunas fotografías.

No sabemos nada de la decoración románica. Unos ligeros toques de color en algunos capiteles del claustro y otros bastante visibles en capiteles del presbiterio y del transepto, permiten afirmar que habían estado pintados. Faltos de analíticas, no tenemos garantía de la época de estas decoraciones pictóricas. Tampoco podemos saber si había tenido pintura mural. Siguiendo posiblemente la instrucción pastoral del obispo Taverner, de 1725, la iglesia fue blanqueada. Más adelante fue pintada.Toda esta decoración fue repicada y arrancada con chorro de arena en 1972 para "devolverle" su aspecto primigenio. Desgraciadamente esta limpieza, además de eliminar la mayor parte de las capas pictóricas de los capiteles, afectó gravemente la decoración escultórica de algunos de ellos.

En 1368 la iglesia tenía seis altares, de los cuales un mínimo de cinco tenían retablo. El del altar mayor, dedicado a San Pedro,

CARMELITAS DESCALZOS DE GERONA. — RETABLO MAYOR. — 1911

Fig. 13. El altar mayor en 1911. El pie de la fotografía indica su procedencia original (C. Barraquer, *Los religiosos en Cataluña*..., vol. 1, entre pág. 1176 y 1177. Foto Gaietà Barraquer).

contratado en 1360, era obra del pintor barcelonés Jaume Serra, destacado miembro de un taller familiar activo durante la segunda mitad del siglo XIV. En el claustro había también un altar, dedicado a la Virgen de la Piedad, advocación mencionada ya en la lápida funeraria del abad Bernat Aguiló (1273). La capilla del Sepulcro, en el primer piso del campanario, tenía dos altares más.

En 1521, el monasterio contrató con el maestro vidriero Jaume Fontanet la elaboración de un vitral para el rosetón, que debía estar acabado el 29 de junio, festividad de San Pedro. De este vitral, que tenía que ser de *bones e modernes figures* (de figuras buenas y modernas), nos ha llegado el esquema decorativo: en el óculo central, la Virgen con el Niño; en los dos espacios superiores, dos ángeles coronados; en los dos inferiores, San Benito (izquierda) y San Pedro (derecha) arrodillados y en los cuatro intermedios las figuras de los cuatro evangelistas con sus símbolos. Jaume Fontanet, documentado entre 1497 y 1538, miembro de una dinastía que dominó el panorama del vitral en Catalunya desde finales del siglo XV a finales del XVI, fue el introductor de las formas renacentistas en el arte del vitral: la orla que rodeaba el vitral estaba formada por *obra romana o fullatges* (obra romana o follajes). En Girona, Jaume Fontanet trabajó también en la destruida capilla de Sant Miquel, en el Ayuntamiento (dos vitrales circulares, con San Miguel y el escudo de la ciudad, 1519) y en la catedral (vitral de las Sibilas, 1520).

Durante el siglo XVII se multiplican las noticias de retablos: en marzo de 1602 se contrató la policromía del retablo mayor, dedicado a San Pedro, con el pintor Gabriel Rovira. Estaba formado por seis tablas con escenas de la vida de San Pedro y cuatro tablas más con escenas de la pasión de Cristo en la predela. En 1604 Francesc Enrich elaboró la figura de Santa Escolástica (hermana de San Benito) para un retablo. En 1628 aparece citado un retablo de alabastro en la capilla de la Virgen de la Piedad, del claustro, del cual se conserva un pequeño fragmento. En

Fig. 14. Interior de la iglesia antes de 1936 (Foto Valentí Fargnoli, archivo MAC-Girona).

1676 Jeroni Abrich, pavorde y camarero del monasterio, al cual nos hemos referido al hablar de la biblioteca, contrató la construcción de un retablo de San Benito con el escultor Francesc Generes. También participaron en la obra el carpintero Josep Boris y el dorador Josep Dauaros.

Las inundaciones del 18 y 19 de octubre de 1843 y del 8 de octubre de 1861 dejaron la iglesia sin mobiliario. Altares, retablos e imágenes fueron destrozados o arrastrados por las aguas. Del retablo mayor solo se salvó la imagen de San Pedro. También pudo recuperarse la de Nuestra Señora de los Remedios. El P. Ramon Boadella, sacerdote encargado de Sant Pere de Galligants, se afanó en reponer el mobiliario perdido. En 1859, aprovechando el derribo de la capilla de Sant Miquel, en el Ayuntamiento, obtuvo su cómoda, mueble imprescindible para guardar los ornamentos litúrgicos. Más adelante, después de la inundación de 1861, obtuvo del Gobierno Civil, por dos onzas de oro, los siete altares y retablos de la iglesia del convento de Sant Josep, de los Carmelitas Descalzos, actual Archivo Histórico, por aquel entonces sede de la delegación de Hacienda. Los hizo desmontar y los trasladó a Sant Pere de Galligants, donde fueron instalados, el mayor en el ábside y tres en cada una de las naves laterales, adosados al muro, donde aún pueden verse las marcas que dejaron. La imagen de San José del retablo mayor, trasladada a otro altar, fue sustituida por la antigua de San Pedro.

Estos son los altares y retablos que podemos ver en las fotografías conservadas del interior de la iglesia anteriores a 1936. De esta forma se produjo una curiosa situación: la iglesia de un antiguo monasterio benedictino alojó unos altares con retablos de filiación carmelita, incluso con el escudo de la orden del Carmen presidiendo el retablo mayor. Podemos verlo también en el hábito de una talla de la Virgen del Carmen, fechada a finales del siglo XVII, procedente de otro de los retablos trasladados, expuesta en el Museu d'Art de Girona.

Fig. 15. Los altares desaparecieron años atrás, pero los muros de piedra aún conservan su impronta.

Fig. 16. Una estampa de Nuestra Señora de los Remedios muestra su altar, rodeado de exvotos, hacia 1920.

Estos altares compartieron espacio y devoción con las advocaciones supervivientes del antiguo monasterio y de la parroquia de Sant Pere, como la de los Remedios, de San Jorge, de la Divina Pastora o del Nazareno, que salía en el *Via Crucis* del Domingo de Pasión y que era venerado en una pequeña capilla adosada al segundo pilar de separación de la nave lateral derecha.

Devoción y política: Nuestra Señora de los Remedios y San Jorge

Entre las diversas advocaciones veneradas en Sant Pere de Galligants a lo largo de los años, hubo dos que gozaron, en épocas recientes y por razones diversas, de un especial prestigio: la primera, objeto de una sostenida devoción popular, era la de Nuestra Señora de los Remedios. La otra, la de San Jorge, experimentó un brío renovado a partir de 1900, como una de las primeras manifestaciones locales del catalanismo conservador.

Tenemos constancia del culto a Nuestra Señora de los Remedios en la iglesia de Galligants desde los primeros años del siglo XIX: una concesión de indulgencias del papa Pío VII en 1818 y unos gozos impresos por Fermí Nicolau, impresor activo entre 1799 y 1822. Según J. Gibert en su obra *Girona. Petita història de la ciutat i de les seves tradicions i folklore* (1946), el último abad del monasterio, Faust de Prat i de Moret, encargó el cuidado de la imagen de Nuestra Señora de los Remedios a la familia Figueras en 1829. El altar, rodeado de exvotos, estaba situado en un lugar preferente de la iglesia: en el absidiolo más próximo al altar mayor, a la derecha, el primero de los dos absidiolos del brazo meridional del transepto. Puede verse en una fotografía de entre 1915 y 1920 en la estampa que reproducimos en estas páginas. Según informaba el *Diari de Girona*, el altar fue nuevamente construido en 1935 por encargo del Dr. Narcís Figueras, según proyecto del arquitecto F. de P. Quintana. Parece que en ocasión de esta obra se aprovechó para limpiar el absidiolo y abrir su ventana, que estaba tapiada desde siglos atrás. Después de 1939, el culto a Nuestra Señora de los Remedios fue trasladado a Sant Feliu, donde sigue actualmente en un nuevo altar y con una nueva imagen, que sustituye a la antigua, desaparecida durante la guerra.

El acto central de la devoción a Nuestra Señora de los Remedios era una concurrida novena que se celebraba a principios de octubre. En 1960 se imprimió una edición de la novena revisada literariamente por Joaquim Ruyra hacia 1917 o 1918, con las oraciones, los gozos antiguos y otros nuevos, atribuidos al insigne escritor gerundense.

En 1900 se constituyó en Girona una *Confraria de Sant Jordi*, establecida en Sant Pere de Galligants. Esta iglesia ya había tenido una capilla dedicada a San Jorge, situada en la parte de la nave lateral derecha más próxima a la entrada. La capilla, ornamentada con bóveda y arcos de yesería, debió quedar inutilizada en 1863, cuando se abrió en ella una nueva puerta de acceso al claustro, actualmente tapiada.

La cofradía nuevamente constituída no tenía ninguna relación con otra anterior, documentada entre 1575 y 1709, que agrupaba a los nobles y caballeros de la ciudad: la *Confraria de Sant Jordi dels Cavallers o de Persones Militars de la Ciutat de Girona*. Esta cofradía estaba establecida en la casa del General, es decir, la sede de la *Diputació del General de Catalunya* (Generalitat), que forma el frente norte de la plaza del Vi, entre las calles de Ferreries Velles y Ciutadans. Muy afectada por reformas y restauraciones, aún conserva en dos dinteles de ventanas de la planta baja convertidas en puertas, un escudo con la cruz de San Jorge, las armas de la *Diputació del General*. En el primer piso de esta casa había una capilla dedicada a San Jorge.

Fig. 17. La imagen de San Jorge sobre el pedestal que le hizo construir la Cofradía en 1900 (Autor desconocido, archivo MAC-Girona).

La *Confraria de Sant Jordi* establecida en Sant Pere de Galligants fue fundada por personas vinculadas a los círculos catalanistas católicos de la ciudad, agrupadas en el *Centre Catalanista de Gerona y sa comarca*, presidido por Joaquim Botet i Sisó, uno de los más destacados miembros de la Comisión de Monumentos y conservador, entre 1896 y 1904, del museo instalado en el claustro de Sant Pere. El órgano del Centro era el diario *Lo Geronés*. Desde el punto de vista religioso, la cofradía conmemoraba la festividad de San Jorge el 23 de abril y participaba en la Cuarenta Horas que se celebraban en la catedral por Semana Santa. Hasta 1935, el día 11 de septiembre tenía lugar en Sant Pere de Galligants una misa rezada "por los mártires que murieron por Catalunya el once de septiembre de 1714", según recogía la prensa local. Todo ello a años luz de la devoción de raíz popular a Nuestra Señora de los Remedios.

Fig. 18. Aún hoy puede identificarse la ubicación del pedestal con la imagen de San Jorge entre 1900 y 1936.

El mismo año de su constitución, la cofradía hizo restaurar la imagen de San Jorge y costeó un pedestal en forma de altar adosado al tercer pilar de separación de la nave central y la nave lateral izquierda, para colocarla con la dignidad apropiada. El pedestal, decorado con las armas de Catalunya y de San Jorge, fue realizado por las casas Soler, de Girona, y Germans Juyol, de Barcelona, según proyecto del arquitecto de Figueres Josep Azemar. Aún hoy puede verse la marca dejada en el pilar por el pedestal, desmontado junto con la imagen en 1936.

Los abades de Sant Pere de Galligants

El abaciologio de Sant Pere de Galligants presenta aún muchos vacíos. La lista que sigue no es una lista cerrada. Basada en la publicada por el P. Josep Calzada en su monografía de 1983 sobre el monasterio de Sant Pere de Galligants y repetida desde entonces sin variaciones, hemos podido modificarla puntualmente en alguna fecha o nombre.

No sabemos nada de los abades del siglo X hasta Auderic. El nombre del abad Wigo, o Guigó, aparece en un documento del año 988, una donación testamentaria al monasterio de diversas propiedades hecha por los albaceas de Ermengards, difunta. La donación incluye un condominio que había pertenecido a un *condam Guigone abba*, al difunto abad Wigo o Guigó. Podría haber sido abad de Sant Pere de Galligants, pero no es seguro, ya que no se indica de dónde era abad. Las fechas de cada abad no son siempre las de inicio y final de mandato, sino el período de tiempo en el cual aparece citado. En distintos capítulos aparecen inscripciones y lápidas con el escudo de alguno de estos abades, que pueden verse en la iglesia. Aquí mostramos fotografías de los sellos de abades de Sant Pere de Galligants que figuran en la monumental *Sigillografia catalana*, de Ferran de Sagarra, publicada entre 1916 y 1932.

Fig. 19. Sello del abad Pere, 1393 (F. de Sagarra, *Sigillografia catalana*, núm. 4742).

Fig. 20. Sello del abad Bernat Cavalleria, 1452 (F. de Sagarra, *Sigillografia catalana*, núm. 4744).

Fig. 21. Sello del abad Antoni de Grimau i Grimau, 1767 (F. de Sagarra, *Sigillografia catalana*, núm. 4749).

Fig. 22. Sello del abad Faust de Prat i de Moret, 1827 (F. de Sagarra, *Sigillografia catalana*, núm. 4750).

Años	Abades
Antes de 988	Wigo (?)
989	Auderic
1019	Guifred
1063-1071	Oliva
1089-1103	Gaucefred
1117-1121	Umbert
1148-1150	Bernat
1152	Umbert
1154	Rotland
1167-1184	Umbert
1192-1200	Pere
1201-1205	Dalmau
1207	Pere
1211-1212	Guillem
1217-1235	Bernat de Guixà
1237-1239	Pere
1240-1242	Bernat
1247	Arnau
1249-1269	Bernat d'Aguilar
1269	Guillem
1271-1272	Pere
1273	Bernat Aguiló
1273-1282	Pere de Puiggalí
1282	Umbert
1283	Pere
1284	Guillem
1286-1299	Arnau Ponç
1308-1321	Guillem
1321-1326	Pere de Guixar
1326-1343	Guillem de Socarrats
1345-1348	Pere de Font
1348-1365	Pere Roura
1365-1366	Francesc
1367-1376	Pere
1379-1387	Pere Dolça

1387-1417	Pere
1417-1421	Jaume Ginesta
1421-1438	Bartomeu de Bell-lloc
1438-1459	Bernat Cavalleria
1460	Ponç Andreu de Vilar
1463-1517	Nicolau Desllor
1517	Pere Llor
1519-1533	Bernat de Llor
1560-1586	Pau Pla
1592-1600	Bernat Cassà
1603-1619	Josep Codina
1621-1631	Vicenç Ferrer
1631-1634	Esteve Salacruz
1636-1637	Jaume Fogaroles
1639-1654	Gispert d'Amat i Desbosc
[1645	Felip d'Alentorn (nomenat per Lluís XIV)]
1662-1665	Joan Boixeda
1665-1672	Josep Castelló
1673-1689	Jaume de Magarola
1689-1706	Jeroni de Mora i Navarro
1710-1712	Francesc Antoni de Solanell i de Montellà
1712-1735	Manuel de Mir i Cadena
1735-1748	Bernardo de Urtusaustegui
1748-1790	Antoni de Grimau i de Grimau
1790-1794	Bernat Macip i Vives
1794-1810	Francesc Xavier d'Esteve i Sabater
1816-1835	Faust de Prat i de Moret

De monasterio a museo

El monasterio desamortizado

La comunidad de Sant Pere de Galligants tuvo que abandonar definitivamente el monasterio en el verano de 1835. La exclaustración, motivada por el estallido que derivó en la quema de conventos de Barcelona el 25 de julio, puso fin a nueve siglos de vida monástica.

La desamortización de los bienes eclesiásticos decretada por el ministro Juan Álvarez Mendizábal el 19 de febrero de 1836 puso las dependencias del monasterio en manos del estado y pronto fueron puestas en venta. Las ventas, que se efectuaron entre agosto de 1841 y noviembre de 1844, comprendieron el palacio del abad (edificio adosado a la fachada de la iglesia) y las vecinas casas del camarero y del sacristán, alineadas a lo largo del Galligants. También al menos dos de las tres casas que el monasterio poseía en la calle de la Rosa y un huerto. Con los años, el antiguo palacio abacial se convirtió en cuartel de la Guardia Civil, función que conservó como mínimo entre 1892 y 1936.

El monasterio fue suprimido, pero no la parroquia de Sant Pere, que como hemos dicho tenía su sede en la iglesia monástica, con funciones delegadas en la vecina iglesia de Sant Nicolau. Para que pudieran mantenerse las funciones parroquiales, la iglesia del monasterio, con el claustro anexo, fue cedida a la diócesis por Real Orden. Cuando en 1855 la Comisión de Monumentos decidió restaurar, en la seguridad de que era propiedad del estado, el claustro de Sant Pere de Galligants e instalar en él el museo que había creado diez años atrás, se encontró con que era de propiedad eclesiástica y tuvo que negociar para obtener su propiedad. La consiguió a cambio de construir una nueva sacristía para la iglesia en sustitución de la que en aquel momento estaba edificada en el claustro. Acabada la obra, el claustro pasó a ser propiedad de la Comisión de Monumentos. Actualmente pertenece a la Generalitat de Catalunya, mientras que la iglesia sigue perteneciendo a la diócesis de Girona.

Sant Nicolau, que ya no era necesaria para el desarrollo de las funciones parroquiales, también fue vendida en 1842. En un primer momento se instaló en ella un almacén de curtidos, siguiendo la tradición de los curtidores del barrio, pero con esta venta pasó a ser almacén de maderas y aserradero.

Por los que el Galligans fiero...: las inundaciones de 1843 y 1861

Hasta que los cuatro ríos de la ciudad fueron canalizados (1964-1973) las crecidas e inundaciones fueron un elemento característico de la vida gerundense, especialmente en otoño. El Galligants, que recoge las aguas de la vertiente de las Gavarres que mira al valle de Sant Daniel, pasa literalmente al pie del monasterio. La muralla que revestía la cabecera del monasterio saltaba el río para ir a enlazar con los muros de la *Força Vella* y la abertura que daba paso a las aguas no siempre era suficiente

Fig. 23. Galería oeste del claustro. Al fondo puede verse la puerta tapiada en 1861 con el dintel y el tímpano románicos, posteriormente eliminados (Fototípia Thomas, archivo MAC-Girona).

Fig. 24. La puerta abierta por la Comisión de Monumentos en 1863 para acceder al claustro, actualmente tapiada.

para el caudal que debía recibir. El aumento súbito del caudal del río a causa de las intensas lluvias y la barrera que suponía la muralla: estos son los factores desencadenantes de las frecuentes inundaciones en el barrio de Sant Pere, cuando la fuerza de las aguas retenidas superaba la muralla. En el otro extremo del barrio se le añadían los caudales sumados del Ter y del Onyar.

Hay constancia de inundaciones que afectaron a Sant Pere de Galligants al menos desde 1420 y se repiten reiteradamente durante los meses de septiembre, octubre y noviembre. Dos de ellas resultaron especialmente perjudiciales para el monasterio: las del 18 y 19 de septiembre de 1843 (*l'aiguat de Sant Ferriol*) y la del 8 de octubre de 1861.

La inundación de la noche del 18 al 19 de septiembre de 1843 tuvo consecuencias trágicas: arrastró dos casas de pisos construidas sobre el Galligants entre el monasterio y su desembocadura en el Onyar, provocando unos 120 muertos, que fueron recordados con una popular inscripción, ya desaparecida, en la entrada de la iglesia de Sant Pere:

> *Por los que el Galligans fiero*
> *sumergiera en su furor*
> *¡misericordia, Señor!*

La crecida se llevó las galerías este y sur del claustro, de las cuales solo se mantuvieron en pie las columnatas, y entró en la iglesia, donde alcanzó los 22 palmos de altura y arrastró altares, imágenes y ornamentos. La imagen de San Pedro, del retablo mayor, fue hallada en Pedret, recogida por unos gitanos. J. Gibert cuenta una anécdota sobre el viaje forzado de la imagen del santo titular: cuando el gitano que la recogió vio acercarse la imagen, le dijo: "Sé bienvenido, Pedro, pero hubiera preferido un cerdo de diez arrobas". La de Nuestra Señora de los Remedios fue llevada por las aguas hasta Sant Jordi Desvalls. Las dos imágenes pudieron ser reintegradas al culto. También desapareció como consecuencia de esta inundación la figura del *lleó dels blanquers* que participaba en la procesión de Corpus.

La crecida del 8 de octubre de 1861, con las obras de restauración del claustro iniciadas, inundó nuevamente iglesia y claustro y los llenó de lodo, piedras y troncos. Altares, mobiliario e imágenes pagaron las consecuencias del desastre. Por ello el sacerdote de Sant Pere, el P. Ramon Boadella, ordenó tapiar la que en aquel momento era la única puerta de comunicación entre iglesia y claustro (la más próxima a la entrada de la iglesia), con lo cual la Comisión de Monumentos se quedó sin acceso al claustro que estaba reconstruyendo. No fue hasta 1863 cuando, después de un largo litigio, obtuvo la autorización del obispo para abrir una nueva puerta desde la capilla de San Jorge, muy cerca de la entrada que, una vez reabierta la puerta del claustro, volvió a tapiarse, seguramente durante las obras de restauración posteriores a 1939.

Ya hemos comentado que después de esta inundación, el P. Ramon Boadella obtuvo los altares del antiguo convento de Sant Josep para sustituir a los que habían sido dañados por las inundaciones.

Sant Pere de Galligants, de monasterio a museo. Resumen cronológico

1835 Exclaustración de la comunidad benedictina del monasterio de Sant Pere de Galligants.

1836 febrero 19 Decreto de Desamortización de Mendizábal. El monasterio, salvo la iglesia y el claustro, es puesto en venta.

1843 septiembre 19 Crecida del río Galligants que causa más de un centenar de muertos en Girona. Se hunden los muros exteriores de las alas sur y este del claustro de Sant Pere de Galligants.

1845 octubre 30 La Comisión Provincial de Monumentos Históricos y Artísticos de Girona, creada en 1844, inicia el proceso de creación del Museo Provincial.

1846 septiembre-diciembre Primeros ingresos de materiales en el Museo Provincial. Proceden de las excavaciones de Empúries, promovidas por la Comisión de Monumentos, de diversas donaciones y de alguna compra. El museo, un simple almacén, se instala provisionalmente en el Instituto Provincial, antiguo convento de Capuchinos y actual Museu d'Història de la Ciutat.

1855 junio 28 El arquitecto Martí Sureda i Deulovol propone instalar el museo en el claustro del monasterio de Sant Pere de Galligants después de reformarlo en consecuencia. El obispo Lorente lo cederá el 10 de diciembre de 1857, a cambio de construir una nueva sacristía para la iglesia.

1860 junio 27 La Comisión de Monumentos ocupa el claustro de Sant Pere de Galligants después de construir la nueva sacristía. Inicio de las obras de restauración del claustro y de construcción del sobreclaustro, según proyecto de Martí Sureda. La iglesia continuará abierta al culto hasta 1936.

1861 octubre 8 Nueva crecida del Galligants que derriba el muro de levante del claustro e inunda la iglesia.

1870 octubre 29 Apertura al público del Museo Provincial de Antigüedades y de Bellas Artes de Girona, instalado en el claustro y el sobreclaustro de Sant Pere de Galligants.

1877 octubre 29 Inauguración de las obras de reconstrucción del claustro y de construcción del sobreclaustro, totalmente acabadas.

1914 octubre 19 La Nunciatura Apostólica autoriza la construcción de una nueva sala para el museo sobre la sacristía de Sant Pere de Galligants. Será la última ampliación del espacio expositivo hasta 1939.

1931 junio 3 La iglesia de Sant Pere de Galligants es declarada Monumento Histórico-artístico (*Gaceta de Madrid* 4 junio 1931).

1936 octubre 20 El Museo Arqueológico de Girona, atendido por la *Comissió del Patrimoni Artístic i Arqueològic* creada el mes de julio, es incorporado al *Servei d'Excavacions i Arqueologia de Catalunya*.

1939 agosto 4 Reapertura del Museo Arqueológico de Sant Pere de Galligants, integrado en el Cuerpo Facultativo de Archiveros, Bibliotecarios y Arqueólogos desde el 18 de enero de 1939. La parte de escultura y pintura modernas se mantuvo bajo la titularidad de la Comisión de Monumentos, recompuesta en mayo de 1939 según el reglamento de 1918, como Museo de Bellas Artes. El obispo Cartañà cede para uso del museo la iglesia de Sant Pere de Galligants, fuera de culto desde 1936.

1943 Creación del taller de restauración de museo e instalación de almacenes en el desván de Sant Pere de Galligants.

1943 diciembre 19 Inauguración de la Sala de Prehistoria y Protohistoria, instalada en el coro de Sant Pere de Galligants.

1944 octubre 25 Inauguración de la Sala de Empúries, instalada en la sacristía de Sant Pere de Galligants.

1947 Inicio de la restauración de la iglesia de Sant Pere de Galligants, completada en 1981.

1962 març 1 El Museo Arqueológico de Sant Pere de Galligants es declarado Monumento Histórico-artístico (BOE 9 marzo 1962).

1971 diciembre 27 El Servicio Técnico de Investigaciones Arqueológicas, Conservación y Catalogación de Monumentos, creado en 1957, y los servicios, talleres y almacén del museo se trasladan a la Casa de Cultura.

1979 abril 7 Inauguración del Museu d'Art de Girona, con los fondos artísticos medievales y modernos del Museo Arqueológico de Sant Pere de Galligants y del Museo Diocesano.

1981 noviembre 13 Inauguración de la remodelación del Museo Arqueológico de Sant Pere de Galligants. Desde 1973, parte de las colecciones arqueológica y artística del museo se había instalado en la Fontana d'Or, debido al estado ruinoso del sobreclaustro.

1990 noviembre 2 Ley de Museos, per la cual se crea el Museu d'Arqueologia de Catalunya, del cual formarán parte el Museo Arqueológico de Sant Pere de Galligants y el Museo Monográfico y los yacimientos de Ullastret (DOGC 14 noviembre 1990).

1992 julio 20 Decreto de ratificación del traspaso de los servicios museísticos de la Diputació de Girona a la Generalitat de Catalunya (DOGC 31 julio 1992).

1993 abril 28 Constitución del Consejo Rector del Museu d'Arqueologia de Catalunya en Sant Pere de Galligants.

1993-1995 Traslado de los servicios centrales y de los almacenes del Museu d'Arqueologia de Catalunya-Girona, del Centre d'Arqueologia Subaquàtica de Catalunya y del Servei d'Atenció als Museus, a Pedret.

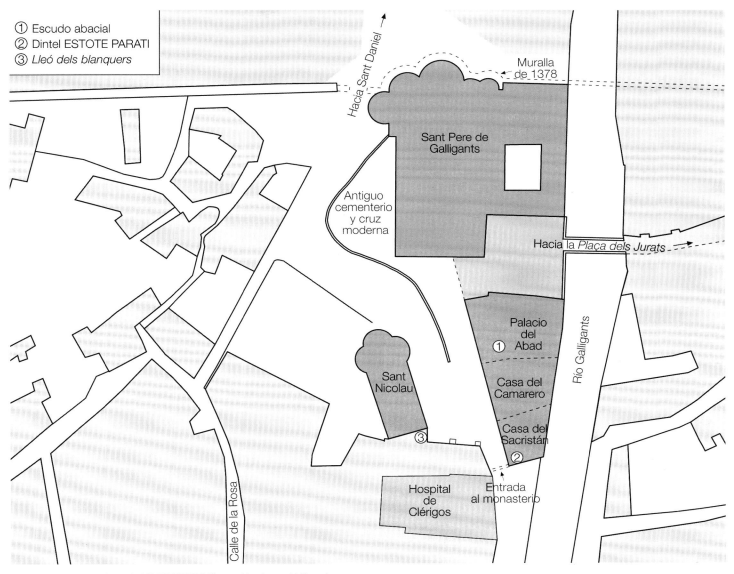

① Escudo abacial
② Dintel ESTOTE PARATI
③ *Lleó dels blanquers*

Hacia Sant Daniel →

Muralla de 1378

Sant Pere de Galligants

Antiguo cementerio y cruz moderna

Hacia la *Plaça dels Jurats* →

Palacio del Abad ①

Río Galligants

Sant Nicolau

Casa del Camarero

Casa del Sacristán

③

②

Calle de la Rosa

Hospital de Clérigos

Entrada al monasterio

SANT PERE DE GALLIGANTS Y SU ENTORNO (Ilustración: Jaume Vallbona)

El monasterio

¿Cómo era un monasterio benedictino?

La Regla de San Benito, la norma básica de las comunidades benedictinas, no da una pauta precisa de cómo debe ser un monasterio. Lo que sí indica (cap. 66, 6-7) es que *si es posible debe construirse el monasterio en un lugar que tenga todo lo necesario, es decir, agua, molino, huerto y los diversos talleres dentro del monasterio, para que los monjes no necesiten salir fuera, cosa nada beneficiosa para su espíritu.*

Poco a poco fue fijándose el modelo teórico de un monasterio benedictino, ya muy elaborado en el conocido plano del monasterio de Sankt Gallen, en Suiza, de principios del siglo IX, que ha sido considerado precisamente esto, un modelo teórico.

El núcleo del monasterio estaba formado por la iglesia, el claustro, generalmente adosado a su lado sur y el conjunto de edificios que lo delimitaban por los otros tres lados, que definían la clausura del monasterio.

La iglesia solía ser de planta basilical (tres o más naves) y transepto. Generalmente en su lado sur se definió la clave de bóveda del monasterio: el claustro, un patio cuadrangular delimitado por galerías porticadas y edificios. El claustro permitía la articulación de las diversas dependencias y la rápida comunicación entre ellas y la iglesia. Al mismo tiempo, ofrecía a los monjes un espacio a cubierto para el paseo y la meditación. En el centro solía haber un pozo. A veces, una fuente o lavabo, situada junto a la entrada del refectorio, permitía que los monjes se lavaran las manos. Con el tiempo también quedó fijada la distribución de las dependencias claustrales que daban a cada una de las galerías del claustro:

- La galería norte se apoyaba en la iglesia, con la cual se comunicaba mediante dos puertas, una a cada extremo. De esta manera las procesiones podían dar la vuelta al claustro y prolongar así su recorrido.

- En la galería este, la *sala capitular* en la planta baja, al lado de la iglesia. En la primera planta, el *dormitorio* de los monjes, que

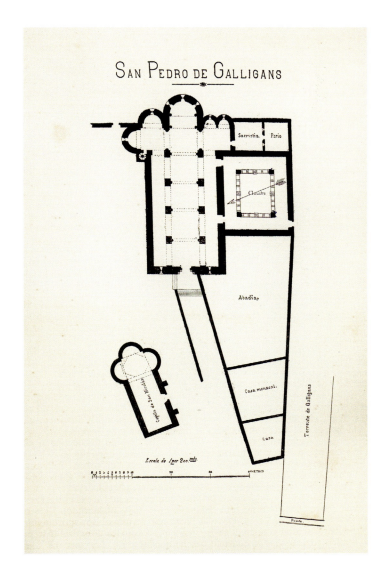

Fig. 25. Plano del monasterio en 1906, según Gaietà Barraquer (C. Barraquer, *Las casas de religiosos en Cataluña...*, vol. 1, pág. 68).

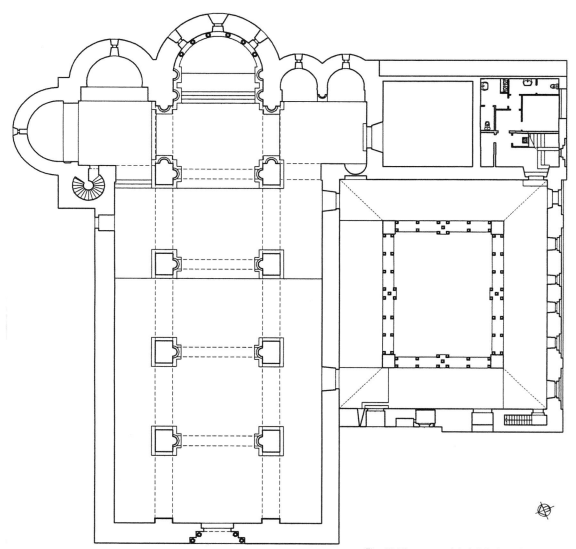

Fig. 26. Planta actual de la iglesia y el claustro (según planimetría del *Pla Director del Museu d'Arqueologia de Catalunya-Girona*, de diciembre de 2001, modificada).

solía estar comunicado con el transepto de la iglesia o el claustro mediante una escalera.

- En la galería sur, el *refectorio* o comedor. La cocina solía estar al oeste del refectorio.

- En la galería oeste, la *bodega*. A veces, en esta ala se hallaba el palacio abacial, que en otros casos podía hallarse en el lado norte de la iglesia.

Fuera de este núcleo central se encontraban la enfermería, las dependencias de servicios y de administración, los talleres para los diversos oficios, la hospedería, dispuestos en torno a un gran patio, con el huerto y el cementerio. El conjunto estaba rodeado por un muro o una muralla con la puerta en el lado oeste, tal como prescribe la Regla.

De todas formas, este modelo no fue seguido de manera estricta. Junto a monasterios que lo seguían de forma casi canónica, otros, como Sant Pere de Galligants por ejemplo, lo modificaron para adaptarse al entorno en el que fueron construidos.

Y Sant Pere de Galligants, ¿cómo era?

Desconocemos la estructura arquitectónica del monasterio de los siglos X y XI. La iglesia y el claustro actuales corresponden a una nueva construcción del siglo XII que debió hacerse sobre la primitiva y las demás edificaciones que han llegado hasta nuestros días, muy modificadas, son bastante más modernas. No disponemos de planos antiguos y las descripciones conocidas hasta ahora no remontan más allá de la segunda mitad del siglo XVII y no son especialmente detalladas, salvo cuando se refieren a la iglesia. La descripción que sigue, pues, nos lleva a los momentos más modernos del monasterio.

Por lo que se refiere a las dependencias claustrales, el muro

Fig. 27. Puerta interior del palacio del abad (siglo XVIII), con el escudo incompleto de un abad, seguramente Antoni de Grimau (patio interior de *La Taverna de l'Abat*, frente a Sant Pere de Galligants).

de fondo de la galería sur está cimentado directamente en el lecho del río, por lo que no debía tener ningún edificio más allá. En la galería este sí hay espacio suficiente, pero al haber sido totalmente reconstruida, no sabemos cómo estaba distribuido. Ahí debía estar, según costumbre, la sala capitular. En cuanto al lado oeste, la galería se abre a un patio interior, con un pozo y una pila para lavarse las manos desde el interior del claustro, mediante una puerta justo al lado del muro de la iglesia. Una segunda puerta comunicaba con las dependencias del monasterio, alineadas a lo largo del río. Una ventana gótica en el primer piso permite aproximar esta distribución como mínimo al siglo XIV y pensar que al menos a partir de este momento el claustro tenía un piso sobre las galerías, por lo menos de esta (el espacio ocupado actualmente por el sobreclaustro moderno). Lo confirma asimismo la presencia de una escalera construida en el interior del muro, más ancho en esta parte para contenerla, que comunica este piso con el claustro a través de otra puerta abierta en el ángulo sudoeste.

El monasterio creció a lo largo del río. Le pertenecían los tres edificios situados frente a Sant Nicolau, al otro lado de la calle. Según el plano adjunto del canónigo Barraquer y según las descripciones hechas por él mismo de las fincas vendidas como consecuencia de la desamortización, el más cercano a la iglesia y al claustro, a los cuales estaba adosado, era el palacio del abad, remodelado en el siglo XVIII. El segundo era la casa del camarero y el tercero, el triángulo que cierra el conjunto, era la casa del sacristán. Aquí debía empezar el recinto del monasterio, que incluía Sant Nicolau, el cementerio (en el lado norte de la iglesia) y un huerto.

El catastro de 1716 nos indica que el monasterio poseía una casa en la calle de la Rosa y en 1821 poseía tres en esta calle. Dos de ellas, una al lado de la otra, están situadas justo al otro lado de Sant Nicolau, en la esquina entre la calle de la Rosa y la de Santa Llúcia. Con el monasterio aún no del todo reconstruido,

en una de estas casas, la mayor de ellas, vivía la comunidad en el momento de la exclaustración.

El monasterio románico

Entre el último cuarto del siglo XI y el primer tercio del XII se escalonan diversos legados testamentarios *ad opera*, es decir, para la obra o para las obras de Sant Pere de Galligants. El testamento de Ramon Berenguer III, conde de Barcelona, del año 1131, es algo más explícito. El conde legaba al monasterio *ad opera ipsius ecclesiae*, para la obra de su iglesia, hasta doscientos maravedís del tercio de los derechos de la moneda acuñada en Girona. En el pilar del ángulo nordeste del claustro se puede ver la inscripción funeraria del abad Rotland, fallecido en 1154. Estas referencias únicamente nos permiten afirmar que en 1131 la iglesia estaba en construcción (aparecen legados testamentarios desde más de cuarenta años atrás) y que en 1154 ya había empezado la obra del claustro. Para establecer la cronología de la iglesia y del claustro tenemos que combinarlas con los datos obtenidos del análisis de las características de la arquitectura y de la escultura del conjunto.

Los muros del edificio y los pilares están construidos con sillares de caliza regulares y muy bien escuadrados, pero distribuidos en hiladas de altura desigual. Las bóvedas del ábside y de los absidiolos del lado norte están construidas con sillarejo y las de las naves y de los absidiolos del lado sur, en cambio, con piedras sin trabajar y materiales reutilizados. En conjunto, iglesia y claustro presentan una notable unidad de concepción y de construcción, solamente alterada por un replanteamiento del muro norte de la iglesia en la zona donde se abre una puerta sobreelevada y por el añadido de la caja de la escalera con la construcción ya avanzada.

Tanto iglesia como claustro pueden ser datados globalmente en el siglo XII. La escultura de la iglesia se sitúa en la primera mitad del siglo, mientras que el rosetón puede fecharse a finales del siglo XII o, como mucho, a principios del XIII. La obra de la iglesia debió comenzar por la cabecera y avanzar en dirección a la puerta. En cuanto al claustro, debió iniciarse su construcción cuando la de la iglesia estaba ya avanzada. La bóveda de la galería norte del claustro se apoya en una nave lateral y en el transepto. El estudio de su escultura, por otra parte, permite situarlo en la segunda mitad del siglo XII.

Sant Pere de Galligants presenta, tanto en la iglesia como en el claustro, una serie de características que lo convierten en un edificio excepcional, con rasgos casi únicos o poco frecuentes, en el conjunto de la arquitectura románica catalana, que han sido indicadas y analizadas por los distintos autores que lo han estudiado desde la obra pionera de Josep Puig i Cadafalch, Antoni de Falguera i Sivilla i Josep Goday i Casals *L'arquitectura romànica a Catalunya* (1909-1918). En su mayor parte estos estudios se han centrado más en la decoración escultórica del monasterio que en su estructura arquitectónica.

La fachada: la portada y el rosetón

Fig. 28. La fachada. Puede observarse su estructura, formada por dos rectángulos superpuestos.

Fig. 29. La portada de la iglesia.

Fig. 30. Detalle de los motivos decorativos del lado izquierdo de la portada.

La fachada de la iglesia de Sant Pere de Galligants está formada por dos cuerpos rectangulares superpuestos que dejan adivinar la estructura interior de la iglesia en tres naves. El cuerpo inferior, centrado por la portada, está coronado por una cornisa bajo la cual corre un friso de dientes de sierra. A la derecha del espectador, cornisa y friso acaban en un sillar que muestra una cabeza monstruosa. El del lado izquierdo, estropeado, fue sustituido durante la restauración por otro sillar de las mismas dimensiones, pero liso. En la parte superior se abren dos ventanas de doble derrame ligeramente diferentes y sin decoración, que dan luz a cada una de las naves laterales. El cuerpo superior, más estrecho porque únicamente cubre la parte alta de la nave central, está dominado por un espléndido rosetón.

La *portada* está formada por cinco arquivoltas que reposan, por cada lado, sobre dos columnas alternadas con tres pilares. Dos de las columnas tienen el fuste con estrías helicoidales y las otras dos con estrías verticales, pero están colocadas asimétricamente, de forma diferente en cada lado. La primera arquivolta, la más interior, es totalmente lisa y reposa directamente sin capiteles ni imposta sobre los pilares que forman las jambas de la puerta, decorados en la parte interior con dos sillares con motivos vegetales, geométricos y lacerías. Los motivos enlazados del sillar superior de la jamba derecha son prácticamente idénticos a la decoración de los espacios entre las columnas del extradós del óculo central del rosetón. Ambos se reproducen en estas páginas. Las otras cuatro arquivoltas reposan sobre capiteles que coronan las columnas, alternados con impostas decoradas sobre los pilares. Un guardapolvo decorado con ovas delimita el conjunto. La segunda arquivolta es también lisa, mientras que las tres interiores muestran una rica decoración tanto en la cara externa como en la interior: motivos vegetales y geométricos, lacerías y medallones circulares con motivos repetidos. Destaca, casi en el centro de la parte externa de la cuarta arquivolta, un medallón con la representación de una mano en actitud de bendecir. Los capiteles y las impostas presentan una rica combinación de motivos vegetales, animales (águilas, toro), animales fantásticos (dos grifos opuestos en un capitel del lado derecho y dos animales con cuerpo de caballo, grandes crines y garras que sujetan una cabeza humana en uno del lado izquierdo) y humanos (impostas de la tercera y quinta arquivoltas). Algunos de estos motivos, como las ovas y las cabezas humanas por ejemplo, pueden verse también en los capiteles del interior.

Los diversos autores que han estudiado el edificio no acaban de ponerse de acuerdo sobre la datación del conjunto de la portada. Hablan de un tono arcaizante general, de elementos de épocas distintas, algunas veces con encajes mal resueltos entre distintas partes, como entre las impostas de la arquivolta exterior y los capiteles vecinos. Incluso se ha dicho que la mayor parte de los elementos de la portada eran reutilizados de la iglesia anterior. Estamos de acuerdo con Pere Beseran en que no todo lo que tiene aspecto arcaico tiene que ser forzosamente antiguo, y que para la estructuración del conjunto es válida una fecha dentro del siglo XII, pese a que pueda tener elementos reutilizados o distintas intervenciones, puesto todo ello de manifiesto por estos encajes un poco forzados que hemos indicado.

La fachada está presidida por un *rosetón* de 3,45 m de diámetro abierta en el cuerpo superior y que da luz a la nave central. Puede verse una **reproducción del rosetón a tamaño natural** en el absidiolo que cierra el brazo norte del transepto de la iglesia.

El esquema del rosetón está formado por dos círculos concéntricos que definen un óculo central, unidos por ocho columnitas dispuestas radialmente y enlazadas por arcos ligeramente rebajados, decorados con rosetas o perlas. La decoración del óculo está formada por motivos vegetales de tallos, hojas y piñas

Fig. 31. Jamba derecha de la puerta de la iglesia. Compárese el motivo de la parte superior con la decoración del óculo central del rosetón.

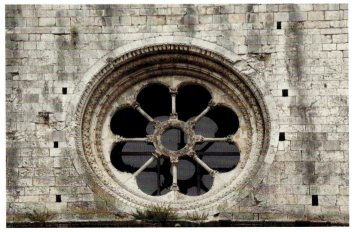

Fig. 32. El rosetón.

entre dos cenefas. Los espacios entre columnas del extradós, salvo los dos superiores, lisos, están decorados con lacerías. Las ocho columnitas son ochavadas y tienen un capitel en cada extremo, menos una que fue sustituida en época gótica por otra con un solo capitel. Los capiteles de las demás columnas están decorados con elementos vegetales, cabezas humanas y grifos. Cabe señalar uno que destaca del conjunto por su singularidad: el capitel de la columnita central superior que reposa sobre el óculo, con la representación de un abad rodeado de monjes. Hablaremos de él más adelante, junto con la inscripción que campea en la parte superior del rosetón, justo encima de esta columna: OMNES COGNOSCANT PETRVM FECISSE FENESTRAM (*Que todos sepan que Pedro hizo esta ventana*). Salvo la inscripción, esta parte no presenta ningún tipo de decoración. El círculo exterior está formado en realidad por tres círculos en degradación. Los dos interiores, separados por una moldura con rosetas o perlas como las de los arcos, tienen una decoración de tallos enlazados, palmetas y piñas, mientras que

Fig. 33. Detalle de la decoración del óculo central del rosetón (fotografía de la reproducción del rosetón).

el exterior está formado por hojas colocadas radialmente alrededor del rosetón. La parte posterior del rosetón es lisa. Solo presenta una serie de perlas o rosetas alrededor de los círculos y, como en la cara exterior, rodeando los arcos rebajados.

La iglesia

La iglesia de Sant Pere de Galligants es de planta basilical (tres naves) con transepto. La nave central, más ancha y alta, está cubierta con bóveda de cañón y las dos laterales, más estrechas, con bóveda de cuarto de círculo. Los dos brazos del transepto, ligeramente más largo el meridional, están también cubiertos con bóveda de cañón.

Las naves están separadas por cuatro pares de pilares apoyados en basamentos, con semicolumnas coronadas por capiteles, adosadas a la cara que mira hacia la nave central, sobre las cuales descansan los arcos fajones. Los dos pilares que delimitan el crucero también tienen semicolumnas en la cara que mira al presbiterio para recibir los arcos torales que vienen del ábside. La nave central consta de cuatro tramos –cinco si contamos el crucero, que es una prolongación de ella– separados por arcos fajones. Las naves laterales se abren a la central a través de arcos formeros que se apoyan también en los pilares sobre impostas molduradas. Justo en el punto de contacto de la bóveda de la nave central con el muro, todo su perímetro está recorrido por una moldura, interrumpida por los vanos de las ventanas. Vemos una moldura semejante en el absidiolo que cierra el transepto por el norte.

En la cabecera se abren un ábside y cuatro absidiolos dispuestos de forma asimétrica, lo que constituye una de las peculiaridades de la iglesia. El ábside se abre al crucero y a la nave central a través de un arco triunfal, seguido inmediatamente por otro arco, que delimita una zona preabsidal. Los dos arcos están unidos, a cada lado, por un arco ciego y una moldura con motivos vegetales en el punto de contacto entre el muro y la bóveda. El ábside propiamente dicho está revestido por siete arcos ciegos apoyados sobre columnas, reconstruidas, que reposan en una banqueta en su parte inferior. Pese a que la banqueta actual también está reconstruida, en los sondeos previos a la restauración se localizó parcialmente la antigua, por lo que sabemos que se halla aproximadamente a la altura original. La moldura de la parte alta está decorada con una serie de dados cuadrangulares con motivos vegetales. En el brazo meridional del transepto se abren dos absidiolos paralelos orientados a levante y separados por una semicolumna adosada formada por dos tambores de arenisca, reutilizados de una construcción más antigua. En el brazo norte hay otros dos, más grandes y dispuestos en ángulo recto: uno lo cierra por levante, mientras que el otro, construido desde un nivel más alto, lo completa por el norte. Sobre este brazo del transepto fue construido el campanario, otra de las peculiaridades de la iglesia.

Observando la iglesia desde el exterior, vemos que justo por debajo de la cubierta, las naves laterales, el ábside y los absidiolos están rematados por una cornisa bajo la cual corre un friso de dientes de sierra, mientras que la nave central muestra, por debajo de la cornisa y del friso de dientes de sierra, una arcuación ciega idéntica a la del campanario y a la del cimborrio de la iglesia de Sant Nicolau.

La iluminación con luz natural estaba asegurada por diversas ventanas repartidas por todo el perímetro. Ya hemos hablado del

Fig. 34. Fachada lateral norte de la iglesia. Pueden observarse, claramente marcados, el nivel hasta el que llegaba la tierra antes de la restauración y las primeras hiladas de los cimientos, donde acaban los sillares escuadrados.

Fig. 35. Pequeña puerta románica de la fachada lateral norte.

rosetón y de las dos ventanas de la fachada. En cada uno de los cuatro tramos de la nave central previos al crucero se abre una ventana por lado. Son ventanas de doble derrame decoradas con columnitas y capiteles simples. Por lo que se refiere a las naves laterales, la del lado norte no presenta ninguna ventana, mientras que la del sur, la que da al claustro, tiene tres ventanas de doble derrame sin decoración. Esta disposición no deja de ser curiosa, porque al construir la bóveda de la galería del claustro adosada a esta nave, las ventanas fueron parcialmente tapiadas por esta misma bóveda. Esta circunstancia puede ser observada tanto desde el claustro como desde la sala del museo ubicada en la galería norte del sobreclaustro. Tres ventanas en el ábside, una en cada absidiolo, un ojo de buey lobulado situado sobre el ábside y otros dos, circulares, sobre los absidiolos de cada lado, completan las aberturas de iluminación. En la bóveda del brazo meridional del transepto fue abierta una lucerna circular y también una ventana de medio punto en el muro que lo cierra, justo encima de la entrada de la antigua sacristía. Ambas son aberturas modernas, practicadas durante la restauración. Finalmente nos queda otra abertura sobre el arco del transepto norte que da al crucero. Volveremos a ella al hablar del campanario.

La iglesia se comunica con el exterior mediante dos puertas: la principal, en el extremo de la nave central, en la fachada oeste, y otra más pequeña, con tímpano liso y dintel, que se abre al norte desde la nave lateral izquierda. Se halla aproximadamente a 1,75 m por encima del pavimento de la nave a causa del desnivel respecto del exterior. Se necesitaba algún tipo de escalera, seguramente móvil, para poder acceder a ella. La comunicación con el claustro tenía lugar a través de dos puertas que se abren en la nave lateral sur y dan, respectivamente, a las galerías este y oeste del claustro. La más próxima al presbiterio conserva el tímpano y el dintel, como la pequeña puerta del lado norte. En cambio, la más cercana a la entrada no tiene ninguno de estos dos elementos. Hasta ahora se

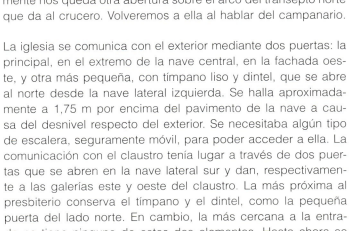

< Fig. 36. Panorámica del interior de la iglesia, con la estructura de tres naves.

Fig. 37. Absidiolos del brazo meridional del transepto.

había pensado que no era una puerta románica, sino una que fue abierta por la Comisión de Monumentos en 1863. Observada en detalle desde el claustro, puede verse claramente la marca del dintel recortado. Hablaremos de ello más adelante. Por el momento baste con retener que es una puerta románica de la misma estructura que las otras dos, con tímpano y dintel.

La iglesia y el claustro estan construidos entre la montaña y el río, con un fuerte pendiente en sentido norte-sur y más suave en sentido este-oeste. El desnivel fue salvado rebajando profundamente la roca, especialmente en el lado norte del transepto, donde se asienta el absidiolo que lo cierra, en el interior del cual puede verse la roca recortada, y disponiendo el suelo en rellanos escalonados, hacia el sur hasta el claustro y hacia el oeste hasta la fachada. Los niveles actuales del pavimento, pese a que no se trata del pavimento original, se corresponden bastante con los románicos, localizados en los sondeos abiertos en la nave central antes de la restauración y señalados por las distintas al-

Fig. 38. Fachada sur de la iglesia. A diferencia de la fachada norte, la nave lateral también tenía ventanas.

turas de los basamentos de los pilares. Desde el exterior puede observarse fácilmente este desnivel, especialmente por el norte, salvado actualmente también mediante escalones y rellanos, desde el nivel de la puerta norte hasta el de la fachada, más allá de la zona ajardinada, el antiguo cementerio del monasterio que, con la restauración, fue rebajado hasta dejar al descubierto las primeras hiladas de los cimientos de la iglesia.

Los capiteles de la iglesia

La iglesia de Sant Pere de Galligants conserva una espléndida decoración escultórica formada por veintitrés capiteles, quince de los cuales se concentran en el área del presbiterio, el transepto y el crucero. Dos de estos capiteles, destruidos seguramente por la colocación de un retablo, fueron sustituidos durante la restauración por dos sillares con la forma del capitel pero sin la decoración. Los ocho restantes coronan las semicolumnas de los pilares que miran a la nave central. Todos ellos muestran unos espectaculares cimacios decorados. Escenas de carácter religioso y doctrinal (martirio de San Pablo, vocación de los apóstoles, Caín y Abel, San Pedro y la misión de los apóstoles) aparecen junto a temas mitológicos (sirena y centauros), leones, figuras humanas y elementos vegetales solos o combinados entre ellos, configurando un conjunto de gran riqueza escultórica.

Las tendencias actuales de la investigación (seguimos, en esta ocasión, a Pere Beseran, Jordi Camps e Immaculada Lorés) consideran que los escultores de la iglesia de Sant Pere de Galligants habrían tomado como modelo la escultura de Tolosa (Languedoc) de principios del siglo XII, especialmente la de la iglesia de Sant Sarnin. Buena parte de los temas tratados tienen allí sus referentes tanto temáticos como estilísticos. La sujeción de Sant Pere de Galligants al monasterio languedociense de Santa Maria de La Grassa en 1117 no debió ser extraña a esta influencia.

Entre estos escultores o grupos de escultores estaba el llamado *Mestre de Cabestany* (Maestro de Cabestany), un escultor –o quizás mejor un taller o un círculo de escultores– posiblemente de carácter itinerante, individualizado en 1944 por Josep Gudiol. La obra que se le atribuye se concentra en el Languedoc, el Rosselló (toma su nombre del tímpano de la iglesia de Cabestany) y en las comarcas gerundenses, con extensiones en Navarra e Italia, siendo la más destacada la portada de la iglesia de Sant Pere de Rodes, conservada solo de manera fragmentaria. Al círculo del *Mestre de Cabestany* se le atribuyen dos capiteles de la iglesia de Sant Pere de Galligants, los indicados con los números 1 y 2 (numeración de Pere Beseran), que representan el martirio de San Pablo y la vocación de los apóstoles, de los cuales cabe destacar por sus dimensiones y su situación, el número 1. Sobre la actuación en Galligants del *Mestre de Cabestany*, se ha sugerido que algunas de las características, claras resonancias de la antigüedad clásica, que identifican su estilo, podrían haber sido tomados de la observación de los sarcófagos romanos y paleocristianos de la vecina iglesia de Sant Feliu.

Fig. 39. Capitel 6.

Capiteles de la iglesia de Sant Pere de Galligants
[Hay una planta de la iglesia con la distribución de los capiteles en la solapa anterior del libro]

Entre los absidiolos del brazo meridional del transepto:
1. Martirio de San Pablo. [Atribuido al círculo del *Mestre de Cabestany*]

Acceso al presbiterio:
2. Vocación de los apóstoles. [Atribuido al círculo del *Mestre de Cabestany*]
3. Elementos vegetales y cabeza de felino.
4. Pájaros encarados en los ángulos.
5. Tres figuras humanas enlazadas por los brazos y elementos vegetales. En el cimacio, aves.

Fig. 40. Capitel 7.

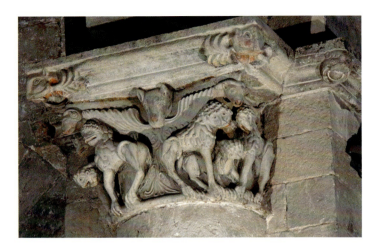

Fig. 41. Capitel 8.

Fig. 42. Capitel 1, atribuido al círculo del *Mestre de Cabestany*.

Crucero:

6. Leones opuestos y elementos vegetales. En los laterales, leones cabalgados y sujetos por hombres. En el cimacio, Cristo en actitud de bendecir, acompañado por apóstoles y por los símbolos de los evangelistas.

7. Figuras humanas que sujetan dos leones situados en los ángulos.

8. Dos parejas de leones aculados y afrontados.

9. Sirena-pez, con un pez en cada mano, entre cuatro centauros sagitarios (con arcos).

Presbiterio (ábside):

10. Destruido.

11. Elementos vegetales.

12. San Pedro y la misión de los apóstoles. (?)

13. Caín y Abel.

14. Elementos vegetales mezclados con elementos zoomorfos (aves) y humanos.

15. Destruido.

Nave central (hasta el transepto):

16. Hojas lisas, con cabezas.

17. Hojas lisas, con cabezas.

18. Tres figuras humanas que sujetan elementos vegetales y animales.

19. Dos parejas de leones aculados y afrontados. Elementos vegetales y una cabeza.

20. Dos parejas de leones aculados y afrontados, distribuidos en dos niveles.

21. Hojas de acanto lisas, con tallos y una cabeza.

22. Hojas de acanto incisas, con piñas y una cabeza.

23. Hojas de acanto incisas, con cabezas de ave.

[Adaptado de P. Beseran, en *Catalunya Romànica*, vol. 5, p. 156-160 y de V. Caner, *L'església del monestir de Sant Pere de Galligants. Primera aproximació a l'edifici*, p. 38-73].

Fig. 43. Capitel 2, atribuido al círculo del *Mestre de Cabestany*.

Fig. 44. Capitel 4.

El claustro

El claustro, adosado al lado sur de la iglesia, tiene forma rectangular y está delimitado por cuatro galerías, tres de las cuales (norte, este y oeste) estaban cubiertas con bóveda de cuarto de círculo, mientras que la sur, con el muro exterior cimentado casi en el lecho del río, estaba cubierta con bóveda de cañón, mucho más pesada y estable, pero fue reconstruida con bóveda de cuarto de círculo. Como consecuencia de ello, ahora son muy frecuentes en ella movimientos y asientos, que afectan especialmente al sobreclaustro. Si observamos las bóvedas, podremos ver que las originales románicas que se han conservado son la de la galería norte, adosada a la iglesia, en su integridad, la del oeste casi hasta el punto de unión con la sur y de la del este únicamente la parte que toca a la columnata.

El claustro tiene seis arcos en las galerías norte y sur y cuatro en las galerías este y oeste, sostenidos por pares de columnas. Los ángulos están resueltos con pilares cuadrangulares con columnas adosadas, mientras que el centro de cada galería muestra una elegantísima solución arquitectónica, única en claustros románicos catalanes: en vez de un pilar central, como es habitual, tiene grupos de cinco columnas. Esta solución dota al claustro, de reducidas dimensiones, de una notable sensación de ligereza. La cara de las galerías que da al patio está recorrida por una arcuación ciega sobre impostas decoradas con motivos vegetales y cabezas de animales, muy mal conservadas, con una gran faja central que cae sobre los grupos de cinco columnas.

Las restauraciones modernas respetaron las trazas de modificaciones anteriores: los fustes originales románicos de tres de las cinco columnas del grupo central de la galería oeste fueron sustituidos en época gótica por fustes ochavados. A la columna central le cambiaron incluso el capitel y la base. El arco conopial tapiado que puede verse en la galería este es la puerta de la capilla de Nuestra Señora de la Piedad, construida en 1519 en sustitución de un altar documentado desde 1273.

Fig. 46. El elemento estructural más característico del claustro: grupos de cinco columnas que sustituyen a los pilares centrales de las galerías.

< Fig. 45. Panorámica del claustro, con las galerías oeste y sur.

La restauración hecha por la Comisión de Monumentos salvó el conjunto del claustro, muy destruido, pero alteró de manera notable su estructura. Delvolvió a su lugar algunas columnas y capiteles desmontados y sustituyó los fustes de dos de ellas, que no se habían conservado. Levantó de nuevo los muros de las galerías este y sur, totalmente destruidos, cubrió la sur con bóveda de cuarto de círculo y sustituyó el antiguo pavimento por uno nuevo. Los siete osarios empotrados en el muro de la galería este, procedentes del convento de Sant Francesc y parte integrante de la colección del museo, fueron colocados allí en un arranque historicista al levantar el muro.

Situado en el extremo meridional del conjunto, junto al Galligants, el claustro se encuentra a un nivel más bajo que el de la nave lateral de la iglesia con la cual se comunica. El pavimento de la Comisión de Monumentos debió estropear lo que quedaba del original y, cuando a partir de 1948 se inició la pavimentación actual, se hizo necesario buscar una solución para salvar el desnivel en sentido este-oeste que había entre las dos puertas de comunicación con la iglesia. Se optó por una solución poco acertada: construir el pavimento del claustro en cuatro niveles distintos para que ambas puertas quedaran a ras de suelo del claustro. Consideramos que los umbrales son los originales o que al menos están a la misma altura que los antiguos. El de la puerta que da a la galería este se halla al mismo nivel que el pavimento de la iglesia en aquel punto, mientras que el que da a la galería oeste está a unos 20 cm por debajo. No tenemos ningún indicio de la cota del pavimento románico del claustro. Teniendo en cuenta que frente a esta última puerta el muro que sirve de apoyo a la columnata sigue presentando un paramento muy cuidado en su cota más baja visible, consideramos que tenía que estar a este nivel o incluso un poco más bajo. Debía ser uniforme en todas las galerías y salvar el desnivel con las puertas de la iglesia de la misma forma en que actualmente lo hace con las que dan al patio exterior o a la escalera de acceso al sobreclaustro: mediante escalones adaptados a la altura de cada umbral.

Fig. 47. Puerta de comunicación entre la iglesia y la galería este del claustro, con el dintel y el tímpano románicos conservados.

Fig 48. La galería sur vista desde el patio: pilares angulares, grupo central de cinco columnas y arcuación ciega en la parte superior.

Fig. 49. Capitel 30 y galería oeste.

Los capiteles del claustro

El claustro de Sant Pere de Galligants, con sus sesenta capiteles, es el elemento más conocido del conjunto monástico. El capitel de las sirenas y el de la Natividad son los que siempre han gozado de un mayor atractivo popular.

Junto a un claro dominio de los motivos vegetales, organizados en su mayor parte y con más o menos variantes al estilo del capitel corintio clásico, tenemos lacerías, leones y grifos afrontados en los ángulos con cabezas comunes o vueltas, figuras humanas combinadas con elementos vegetales y en algún caso animales, sirenas-pez, sirenas-pájaro y estilizaciones vegetales. Completan el conjunto cuatro capiteles historiados, dos de los cuales representan el ciclo de la Natividad y los otros dos muestran personajes diversos.

Si para la escultura de la iglesia teníamos que buscar modelos y referentes en el ámbito tolosano, para el claustro, según Pere Beseran y Jordi Camps, los hallaremos en el área del Rosselló y no en los claustros de la catedral de Girona y del monasterio de Sant Cugat del Vallès, con los cuales había sido frecuentemente relacionado. El influjo de las obras rosellonesas, a partir de Sant Miquel de Cuixà y de Santa Maria de Serrabona (primera mitad del siglo XII) irradió, entre otros lugares, hacia el sur pasando por el Empordà, el Ripollès y la Garrotxa y llegando a Sant Pere de Galligants. Las características de la escultura rosellonesa se avienen con las que se pueden detectar en el claustro de Sant Pere de Galligants (pocos capiteles historiados, leones y grifos afrontados en los ángulos, motivos vegetales enlazados por la base, cabezas en los dados de los capiteles, sirenas-pájaro, uso del calado entre otras).

Los capiteles del claustro de Sant Pere de Galligants constituyen un conjunto rico y variado que invita a descubrirlo y a disfrutar de él pausadamente.

Fig. 50. Capitel 53.

Fig. 51. Detalle del capitel 46.

Fig. 52. Capitel 16. En segundo plano, el capitel 14.

Capiteles del claustro de Sant Pere de Galligants

[Hay una planta del claustro con la distribución de los capiteles en la solapa posterior del libro]

Galería este:

1. Cabezas y garras de leones entre elementos vegetales.
2. Destruido.
3. Elementos vegetales y cabezas en los dados.
4. Dos niveles de hojas de acanto estriadas.
5. Bustos de barbudos sobre un nivel de hojas.
6. Elementos vegetales en organización corintia.
7. Hojas lisas en organización corintia.
8. Cuatro pájaros de pie con las alas abiertas.
9. Dos niveles de hojas lisas con extremos palmeados.
10. Dos niveles de hojas estriadas.
11. Elementos vegetales en organización corintia, con una piña bajo el dado.
12. Sirenas-pájaro con las alas extendidas y la cabeza barbada.
13. Elementos vegetales y piñas.

Galería sur:

14. Leonas rampantes afrontadas, con las cabezas comunes, mirando hacia atrás.
15. Dos niveles de hojas lisas con el interior estriado.
16. Hojas de acanto estriadas.
17. Tres niveles de hojas lisas con piñas debajo.
18. Figuras humanas enlazadas con tallos, sobre un nivel de hojas.
19. Dos niveles de elementos vegetales estilizados.
20. Hojas de acanto en organización corintia
21. Lacería de cintas estriadas sobre fondo punteado.
22. Dos niveles de hojas lisas con frutos estriados.
23. Cuatro pájaros de pie con las alas abiertas.
24. Dos niveles de hojas lisas, con caulículos y piñas bajo los dados.

Fig. 53. Capitel 27.

Fig. 54. Capitel 36.

Fig. 55. Bosque de columnas de la galería este.

25. Lacería de elementos vegetales.

26. Tres niveles de hojas.

27. Cuatro parejas de leones con las cabezas comunes que expulsan hacia arriba tallos acabados en palmeta.

28. Cintas entrecruzadas sobre un nivel de hojas.

29. Leones afrontados con la cabeza vuelta hacia atrás.

30. Leones afrontados con la cabeza vuelta hacia atrás.

Galería oeste:

31. Leones afrontados con la cabeza vuelta hacia atrás.

32. Tres niveles de palmetas enlazadas por la base.

33. Leones afrontados y abrazados por la cintura, con las cabezas comunes, y cabezas de animales y un florón en los dados.

34. Tres niveles de hojas de acanto, y cabezas humanas y de animal en los dados.

35. Un obispo oficiando, dos músicos y una bailarina, intercalados con cuatro bailarinas cabeza abajo.

36. Lacería de cintas estriadas sobre fondo de tallos.

37. Tres niveles de hojas. Posiblemente sea un añadido de época gótica.

38. Anunciación, Nacimiento y Epifanía. Organización con torres angulares.

39. Sirenas-pez de doble cola.

40. Huída a Egipto y Herodes ordenando la matanza de los inocentes. (?)

41. Tres niveles de hojas de acanto, y cabezas humanas y de animal en los dados.

42. Grifos afrontados con las cabezas comunes. Un cabeza masculina en el dado central.

43. Dos niveles de hojas lisas con el interior estriado.

Galería norte:

44. Leones y leonas afrontados, con cabezas comunes.

45. Dos niveles de hojas lisas con el interior estriado.

46. Cuatro figuras humanas de pie, enlazadas con tallos acabados en cabezas de animal que vomitan hojas.

47. Hojas estriadas sobre un nivel de hojas lisas.

48. Hojas de acanto en organización corintia

49. Hojas de acanto en organización corintia

50. Cuatro figuras humanas de pie, enlazadas con tallos.

51. Dos niveles de hojas lisas con el extremo palmeado.

52. Tres niveles de hojas lisas con nervio prominente. Los extremos del superior son en espiral.

53. Grupo de personajes de pie, probablemente un abad con báculo y diversos monjes.

54. Tres niveles de hojas lisas con nervio prominente. Los extremos del superior son en espiral.

55. Hojas de acanto en organización corintia.

56. Elementos vegetales estilizados.

57. Elementos vegetales, cintas, palmas y cabeza monstruosa.

58. Elementos vegetales estilizados en organización corintia.

59. Leones afrontados con cabeza común.

60. Elementos vegetales en organización corintia.

[Adaptado de P. Beseran, en *Catalunya Romànica*, vol. 5, p. 164]

Fig. 56. Capitel 50 en primer plano, entre el 53 y el 51.

Fig. 57. Capitel 38. Escena del Nacimiento.

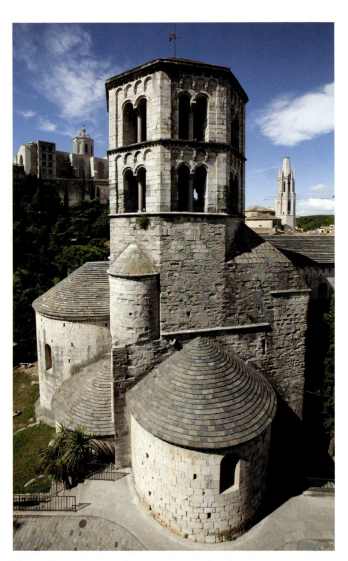

Fig. 58. El campanario. Al fondo, la catedral y Sant Feliu.

El campanario

El campanario está construido sobre el brazo norte del transepto. Es un campanario de dos pisos. El primero, de planta cuadrada, es una capilla, llamada del Sepulcro en las visitas pastorales, con dos absidiolos orientados a levante. El segundo, de planta octogonal, es el que correspondía a las campanas. Los restos conservados de la estructura románica permitieron restituirle su forma durante la restauración de 1962-1965. Consta de dos niveles de ventanas geminadas coronados, como la nave central, por un friso de dientes de sierra y una arcuación ciega. El paso de la forma cuadrada del primer piso a la octogonal del segundo se realiza mediante un sistema de falsas trompas. Por el lado de la cabecera presenta dos pseudoabsidiolos en los ángulos, que no se corresponden con los absidiolos interiores. Esta falta de correspondencia obliga a una orientación distinta para las dos ventanas de los absidiolos, una de las cuales se abre en el lienzo de muro este y la otra en uno de los pseudoabsidiolos.

Por el exterior del primer cuerpo del campanario, una moldura con función de guardapolvo recorre la parte superior de cada absidiolo del transepto. La de la cara de levante reproduce el perfil triangular de la cubierta, mientras que la del lado norte es totalmente recta.

El acceso al campanario y a la capilla del Sepulcro se realiza mediante una escalera de caracol situada en el interior de un macizo cuadrangular situado en el ángulo formado por el brazo norte del transepto y la nave de la iglesia, junto a la pequeña puerta románica que se abre en esta nave. El acceso a la escalera se realiza desde el interior, por una puerta sobreelevada 1,50 m del suelo, abierta en el muro de poniente del transepto. Debía accederse a ella mediante una escalera móvil, como en el caso de la puerta de la nave lateral norte. La escalera está iluminada por una ventana que da al transepto y por cinco aspilleras abiertas al exterior. En el centro de la capilla, una amplia lucerna que no da luz en tanto que es un espacio cerrado y es demasiado ancha para las cuerdas de las campanas, se abre en la bóveda del transepto. Una puerta elevada practicada en el muro meridional permite acceder a la cubierta de la iglesia y un pasadizo que perfora el muro justo por debajo de la puerta, se abre al crucero a través de una ventana.

Recientemente, el Dr. Gerardo Boto, a partir de un análisis meticuloso del edificio, ha dado una explicación muy plausible tanto a la ubicación del campanario y a la distribución asimétrica de los absidiolos como a la función que podía desempeñar la capilla del Sepulcro. Resumimos, pues, su propuesta.

El campanario no fue construido sobre el crucero, como en el vecino monasterio de Sant Daniel, sino en el lugar que ofrecía más garantía de estabilidad: sobre el brazo norte del transepto, sostenido por su bóveda, apoyada por un lado en la nave central y por el otro en el absidiolo norte, encajado directamente en la roca y cuya bóveda supone una prolongación de la del transepto, con la cual enlaza sin solución de continuidad. Las tensiones laterales se redujeron mediante el absidiolo este, construido a un nivel considerablemente inferior al del otro, y por el macizo de la escalera de acceso al campanario, añadido en el lado opuesto una vez la construcción del transepto y de la nave estaba ya avanzada. Está adosado al ángulo en sus primeras hiladas y enlaza con él, con hiladas bien ligadas, a partir de la altura del arco de la puerta de la nave lateral norte que está al lado. Por lo que se refiere a la disposición asimétrica de los absidiolos en los dos brazos del transepto, ya hemos visto la función de los del brazo norte, dispuestas en ángulo recto. La disposición en paralelo de los del brazo meridional permitía que la sala capitular pudiera ser construida en su ubicación habitual, tocando a la iglesia y con salida a la galería este del claustro. Estas peculiaridades de la cabecera y de la ubicación del campanario serían, pues, una brillante solución arquitectónica a los problemas topográficos y de estabilidad planteados por la pendiente en la que fueron

Fig. 59. La parte baja del campanario vista desde el este. Nótese el guardapolvo del absidiolo.

Fig. 60. Detalle del piso superior del campanario. Se diferencian las partes originales y las reconstruidas.

construidos iglesia y claustro.

La capilla del Sepulcro tiene una decoración muy sencilla. Una cornisa o moldura simple recorre el contacto entre el muro y la bóveda de los absidiolos. En la parte superior del muro que los separa hay un sillar a manera de capitel con tres relieves con motivos de lacerías con peces, vegetales, animales y una representación humana de carácter erótico. En la cornisa, como si fuera una imposta o cimacio, dos parejas de animales enfrentados y en un extremo de la cornisa otra representación humana, en este caso una cabeza que toca un cuerno.

¿Cuál era la función litúrgica de esta capilla con dos altares, separada visualmente de la iglesia, pero con una excelente comunicación acústica a través del pasadizo indicado y de la ventana que se abre al crucero y a la nave central? A diferencia de las catedrales de Girona –bien estudiada por el Dr. Marc Sureda– y de Vic por ejemplo, en Sant Pere de Galligants no se conocen fondos documentales que nos lo indiquen. La advocación de la capilla, como en sus homónimas de otros lugares, incluida la catedral gerundense, le otorga una relevante significación en la celebración de la liturgia pascual, que incluía diversos textos recitados o cantados sobre la visita de las Tres Marías al sepulcro de Cristo (*Visitatio Sepulchri*), dramatizados o escenificados por miembros de la comunidad. Entre estas secuencias destacaba el tropo *Quem queritis in Sepulchro*, intercalado en los maitines o en el introito de la misa del Domingo de Resurrección. Podría ser que, igual que en la catedral o en Sant Feliu, estas escenificaciones tuvieran también lugar en Sant Pere de Galligants. En este caso, la capilla del Sepulcro debería haber jugado un papel destacado. Allí debía tener lugar la escenificación, seguida acústicamente –que no visualmente– desde la nave por los demás miembros de la comunidad.

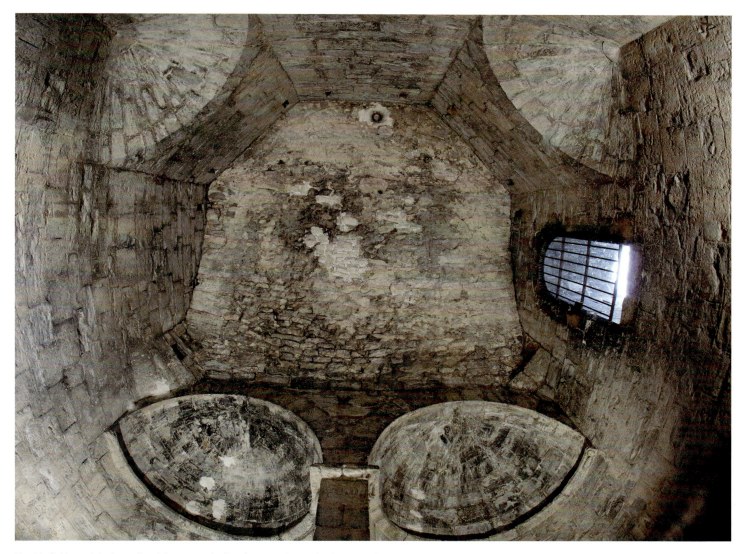

Fig. 61. Cubierta del primer piso del campanario. Puede verse el paso de planta cuadrada a octogonal mediante el uso de falsas trompas en los ángulos. La curvatura de los muros es un efecto de la óptica fotográfica.

Del románico a la actualidad: reformas y restauraciones

En este capítulo queremos aproximarnos a las sucesivas modificaciones de la iglesia y del claustro a partir del momento románico, centrándonos básicamente en las trazas que aún pueden detectarse visualmente durante un recorrido por el edificio. Las reformas efectuadas para adaptar la iglesia a las exigencias de la liturgia o para decorarla según el gusto de cada momento, y las obras de restauración, desde 1858 en el claustro y desde 1947 en el conjunto del edificio, han desfigurado considerablemente y a veces eliminado totalmente estas trazas. Se trata de una investigación recién iniciada, por lo que lo que sigue debe ser considerado como un conjunto de hipótesis de trabajo.

Hasta la Desamortización

Época medieval.- La construcción de la iglesia y del claustro debió concluir a finales del siglo XII o como mucho a principios del XIII, fecha que proporciona el rosetón. Sin embargo, muy pronto se realizaron reformas de mayor o menos calado.

En 1360 se instaló un retablo dedicado a San Pedro en el altar mayor. Como consecuencia de ello, debió trasladarse el espacio del coro, que solía estar situado detrás o alrededor del altar mayor. Posiblemente fuera en este momento cuando se construyó un coro central, cuyos restos fueron localizados al ser levantado el pavimento en 1958. El muro de cierre del coro, decorado con una moldura, se apoyaba en los pilares del segundo arco fajón de la nave central (el del lado derecho tiene un motivo de cuerda rodeando la base de la columna adosada). El coro debía ocupar como mínimo todo el tercer tramo de la nave a contar desde la puerta. Los muros de cierre estaban colocados directamente sobre el enlosado románico. Para asegurarlos se construyó un nuevo pavimento unos 25-30 cm por encima del antiguo, el primero de los dos recrecimientos del suelo de los que tenemos constancia. Puede verse su marca –una línea o restos de mortero y pequeñas placas de pizarra– en distintos puntos de los

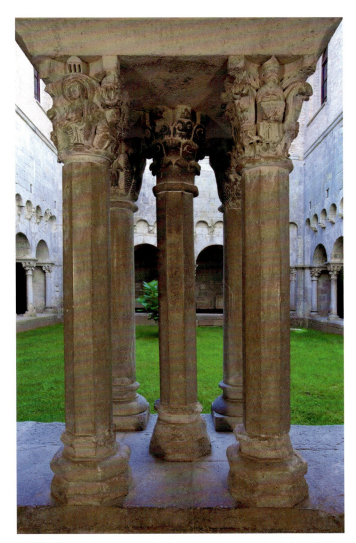

Fig. 62. El fuste ochavado de estas tres columnas y el capitel de la central son el resultado de una reforma del siglo XIV (galería oeste).

Fig. 63. Fachada exterior de la galería oeste del claustro. Resulta evidente la existencia de un segundo piso por lo menos desde el siglo XIV.

muros y de los pilares de la iglesia. De esta forma Sant Pere de Galligants fue dotado de un coro bajo, esencial para el canto de los oficios divinos, complementado con la sillería, el atril y los libros de coro. Todo ello fue destruido durante la guerra de la Independencia.

También en época gótica debió romperse una de las columnitas con capitel doble del rosetón. Fue sustituida por otra, con un único capitel gótico de un modelo muy corriente en nuestras comarcas.

El fuste cilíndrico o troncocónico de tres columnas del grupo de cinco columnas centrales de la galería oeste del claustro fue sustituido por un fuste ochavado gótico. Se trata de las dos que miran a la galería y de la central. La columna central fue cambiada en su totalidad, incluidos capitel y base. La reforma puede situarse en el siglo XIV.

Si observamos la fachada exterior de la galería oeste del claustro (un antiguo patio) veremos la puerta de acceso al interior, un pozo y una puerta tapiada. Puede distinguirse que ya en época gótica había un piso por encima de las galerías románicas. Lo atestigua una ventana geminada, coronada por un guardapolvo. La Comisión de Monumentos le repuso la columnita, que estaba rota. La ventana es de un modelo habitual en el siglo XIV.

En 1378 tuvo lugar la fortificación del burgo de Sant Pere, de la que ya hemos hablado. La restauración iniciada en 1947 eliminó la mayor parte de los añadidos, pero desde los jardines del Dr. Figueras, detrás de la cabecera, aún podemos ver parte de la muralla revistiendo el muro exterior de la galería este del claustro.

Época moderna.- El período que transcurre entre los siglos XVI y XVIII fue rico en remodelaciones y reformas, debidas en parte a la nueva liturgia derivada del Concilio de Trento. Las orientaciones tridentinas fueron pronto plasmadas en unas detalladas y precisas *Instructiones fabricae et supellectilis ecclesiasticae* (1577), Instrucciones sobre la fábrica y el ajuar eclesiásticos, de Carlo Borromeo, arzobispo de Milán posteriormente canonizado. En la diócesis de Girona fue de aplicación, en el siglo XVIII, la *Instrucció pastoral per lo bon govern de las parroquias del bisbat de Gerona* (1725), Instrucción pastoral para el buen gobierno de las parroquias de la diócesis de Girona, del obispo Josep de Taverner i d'Ardena. Instrucciones de este tipo pautaron la vida parroquial en sus mínimos detalles prácticamente hasta el Concilio Vaticano II, ya bien entrado el siglo XX.

La construcción del coro alto en el primer tramo de la nave central, junto a la puerta, es anterior a 1517. Está sostenido por una bóveda por arista sin clave, apoyada en los primeros pilares y en la fachada de la iglesia. Encajado entre el baptisterio en la nave lateral izquierda y la capilla de San Jorge en la derecha, el espacio bajo la bóveda del coro configuraba el vestíbulo de la iglesia. Una reja, de la cual se conservan los anclajes en las dos columnas de los pilares que lo limitan, lo separaba de la nave central. Así, a partir de este momento, la iglesia de Sant Pere de Galligants tuvo dos coros, uno bajo, en el centro de la nave, descrito por los distintos visitantes desde el siglo XVII y un coro alto, sobre la entrada, el modelo más frecuente en nuestras parroquias.

En 1535 están documentados órganos (en plural). Debieron ser reconstruidos o renovados, porque en 1682, por otro encargo de Jeroni Abrich, Bartomeu Triaÿ proyectó dos órganos gemelos para Sant Pere de Galligants. No es seguro, pero podrían pertenecer a la instalación del órgano principal unas marcas redondeadas en el muro de la nave lateral izquierda, a cada lado de la pequeña puerta románica sobreelevada. Hay rebajes evidentes, tapados con mortero, en los dos pilares más cercanos y también en el arco que separa la nave lateral del transepto. Fuera lo que fuera lo que cargaba en el muro, en el arco y en los pilares, debió tener un volumen considerable. El órgano también

Fig. 64. La marca de los dos pavimentos superpuestos en uno de los muros laterales.

desapareció con la guerra de la Independencia y su espacio fue ocupado, después de 1861, por uno de los altares procedentes del convento de Sant Josep.

En 1519, el antiguo altar de Nuestra Señora de la Piedad del claustro fue convertido en capilla. Se abrió una puerta en el muro románico y fue construida dentro del brazo meridional del transepto. Desconocemos sus dimensiones porque el pavimento ha sido alterado y la capilla ya había sido derribada a mediados del siglo XIX. Seguramente no debía cubrir más de la mitad de la anchura del transepto, ya que los dos absidiolos del fondo también tenían altares. De esta capilla solo nos queda la puerta, tapiada, un hermoso ejemplar de arco conopial abierto en la galería este del claustro.

Quizá sea el siglo XVIII el que nos ha dejado mayor cantidad de muestras identificables. Las columnas adosadas a los pilares del tercero y cuarto arcos fajones, las del transepto y las cuatro que enmarcan el ábside fueron recortadas a más de la mitad de su altura y rematadas con decoraciones de estuco, especialmente ricas las del transepto. Solo las conocemos por fotografías porque fueron destruidas durante la restauración comenzada en 1947. Recuerdan las que aproximadamente en el mismo momento (primera mitad del siglo XVIII) fueron aplicadas a la iglesia de Celrà. Las columnas fueron recortadas no para encajar el coro, como se había dicho, sino posiblemente como parte de un programa ornamental y de reforma de mayor envergadura. Algunas estancias del palacio abacial, rehecho también en el siglo XVIII, mostraban espléndidas decoraciones, con molduras y placas de estuco con motivos mitológicos, una de las cuales será presentada más adelante.

Una vez acabada esta decoración, se construyó un púlpito en el cuarto pilar de la derecha, junto al transepto. Se accedía a él mediante una escalera que perforaba el pilar y que cuando el púlpito fue eliminado, se tapió. El orificio tapiado puede ser

Fig. 65. Al levantar el pavimento de la nave en 1958, apareció la parte inferior de uno de los muros que limitaban el coro central (Foto Sans, archivo MAC-Girona).

visto desde la nave lateral, porque por el lado de la nave central, queda bastante disimulado por la restitución de la columna recortada. Años después, cuando ya no había órgano, el púlpito fue montado en el pilar del otro lado, pero esta vez se subía a él mediante una escalera de madera que rodeaba el pilar, según puede verse en fotografías anteriores a 1936. Repartidos por el transepto, a un lado o junto a los ábsides, pueden verse tres hornacinas o nichos. Seguramente servían para guardar las vinajeras y otros objetos litúrgicos, tal como indicaba la instrucción pastoral.

Posteriormente, la iglesia fue totalmente encalada en aplicación de la instrucción del obispo Taverner: *Totas las iglesias deuhen estar molt blancas, y enlluhidas ab guix* (todas las iglesias deben estar muy blancas y enlucidas con cal). Este encalado protegió las pinturas que pudiera haber, como las de los capiteles. Desgraciadamente, la limpieza de 1972 acabó con ellas en buena parte.

Todo ello debió complementarse con un segundo recrecimiento del nivel del suelo, de unos 35-40 cm. De esta forma, el pavimento resultante quedó como mínimo a unos 60-70 cm por encima del antiguo enlosado románico, con toda la iglesia regularizada al nivel del brazo norte del transepto, donde se encuentra la sepultura común de los abades. Las marcas del nuevo pavimento pueden ser detectadas por toda la iglesia. El pavimento resultante, que es el que aparece en las fotografías anteriores a 1936, fue totalmente levantado en 1958 y rebajado hasta el nivel del enlosado románico. Por las fotografías sabemos que se cambió la ubicación de algunas de las lápidas. Pese a ello, es posible realizar una aproximación al momento en que fue construido. En el tramo de la nave más cercano a la puerta tenemos una buena cantidad de antiguas lápidas rotas y usadas simplemente como losas. Estos fragmentos pueden datarse en el siglo XVI o a principios del XVII. Las lápidas de los abades del pasadizo central corresponden al siglo XVIII. Seguramente no se habrían des-

Fig. 66. La bóveda del coro alto, obra de principios del siglo XVI, que carga en la fachada y en los pilares románicos.

Fig. 67. Detalle de la puerta de la capilla de Nuestra Señora de la Piedad, en el claustro (1519).

ABADÍA DE SAN PEDRO DE GALLIGANS.

Fig. 68. Los vocales de la Comisión de Monumentos en la galería este del claustro hacia 1857 (*El Museo Universal*, año VIII, núm. 34, 23 agost 1863, pág. 269).

montado enterramientos recientes para obtener losas, perdiendo de esta manera los derechos de enterramiento. Por lo tanto, presumimos para la reforma del pavimento una fecha dentro del siglo XVII avanzado o ya del siglo XVIII. La instrucción del obispo Taverner de 1725 ordenaba regularizar los pavimentos de las iglesias *de modo que en ells puga còmodament arrodillarse* (de manera que sea cómodo arrodillarse en ellos) aunque para ello hubiera que nivelar las tumbas existentes.

El siglo XIX.- Después de la Desamortización, se construyó una sacristía en el claustro, medio destruido y sin utilidad para una parroquia. Ocupaba la mitad este de la galería norte y el principio de la del este, con acceso a la iglesia por la puerta de la antigua capilla de Nuestra Señora de la Piedad, ya derribada, o por la puerta románica contigua. Consistía en tabiques que tapaban los dos primeros arcos por la parte externa y dejaban el basamento como una especie de estantería. Otro tabique cortaba la galería desde el bloque central de cinco columnas hasta el muro de la iglesia. Aún se ven las marcas de esta construcción, tanto en el intradós de los arcos como en el muro de la iglesia, en el basamento de la columnata y en las bóvedas.

Las obras de la Comisión de Monumentos (1855-1936)

La actuación de la Comisión de Monumentos, desde que acordó instalar el museo en el claustro de Sant Pere de Galligants (28 de junio de 1855) se centró en acondicionarlo para esta finalidad, según proyecto del arquitecto Martí Sureda i Deulovol. La diócesis, titular de la iglesia y del claustro desde la Desamortización,

Fig. 69. El brazo sur del transepto.

Fig. 70. Ángulo nordeste del claustro. Pueden apreciarse distintos momentos de construcción y reconstrucción: el muro, la puerta y la bóveda románicos, la puerta de la capilla de Nuestra Señora de la Piedad, de 1519, y parte del muro y de la bóveda reconstruidos por la Comisión de Monumentos.

Fig. 71. El sobreclaustro, obra de Martí Sureda i Deulovol, levantado sobre las galerías románicas.

se avino a cederlo en diciembre de 1857 a cambio de la construcción de una nueva sacristía para sustituir a la edificada en su galería norte. Con esta función se construyó la sala que se abre al extremo del brazo sur del transepto. La puerta, que perfora el muro románico, fue decorada con un dintel reutilizado que ostenta el escudo del abad Mir (1712-1735) que provocó algún que otro quebradero de cabeza a la hora de interpretarlo.

Fueron tapiadas tres puertas, seguramente la de la capilla de Nuestra Señora de la Piedad, la que comunica la iglesia con la galería este, cerca del presbiterio, y la que da acceso al patio exterior desde la galería oeste, las dos últimas hoy nuevamente abiertas. Finalmente, se construyó un confesonario junto a la sacristía. Estaba ubicado en un espacio cóncavo en el hueco de la puerta tapiada de la capilla de Nuestra Señora de la Piedad, ocupado actualmente por un *dolium*.

Acabada esta obra, la Comisión de Monumentos pudo por fin ocupar el claustro e iniciar su adecuación como sede del museo. En este momento la única puerta de acceso al claustro desde la iglesia era la de la galería norte más cercana a la entrada. Al comentar la inundación de 1861 hemos explicado que esta puerta fue tapiada por el sacerdote. Permaneció tapiada seguramente hasta la restauración comenzada en 1947. Para poder acceder al claustro, la Comisión de Monumentos obtuvo el permiso del obispo, en 1863, para abrir una nueva puerta en la capilla de San Jorge, hoy tapiada. La puerta daba al patio exterior, por lo que hubo que reabrir la que lo comunicaba con la galería oeste. Este fue el acceso al museo hasta la citada restauración. Por estos años, 1861 y 1862, visitó Girona el arquitecto inglés George Edmund Street. Fruto de la visita, incluyó una descripción, una planta y un dibujo del edificio en su obra *Some accounts on Gothic architecture in Spain*, publicada en 1865.

En un grabado publicado en 1863 que ilustra estas páginas, puede verse como faltaban las columnas 3 y 4 del claustro. En 1869 fueron reemplazadas por otras nuevas, con los capiteles y las bases originales. Todas las columnas románicas del claustro tienen una forma ligeramente troncocónica, un poco más anchas en la parte inferior. Todas menos estas dos, perfectamente cilíndricas. Al montar la columna 3, antes de ligarlo con mortero, el capitel fue sujetado a la imposta con pequeñas cuñas de madera, una de las cuales fue olvidada y aún permanece en su sitio.

En el ejercicio de sus funciones de protección del patrimonio, la Comisión autorizó en 1868 una reforma del presbiterio consistente en añadirle tres peldaños, tal como establecía la normativa eclesiástica posterior al Concilio de Trento, y una reja. Hubo algún problema con la reja, pero la obra se llevó a cabo sin impedimentos. Puede verse en la fotografía del altar mayor de 1911.

La parte principal de la obra de la Comisión de Monumentos fue la reconstrucción de las galerías este y sur, que estaban derruidas, y la construcción del sobreclaustro para albergar las colecciones del museo que no podían estar expuestas en el claustro. Fue un calvario que se prolongó hasta 1877 debido a la penuria económica de la institución. Los propios vocales llegaron a efectuar aportaciones económicas a título personal, como también algunos diputados provinciales. El 29 de octubre de 1870, festividad de San Narciso, el museo aún en obras fue abierto al público. Estaba instalado en las galerías norte, este y oeste de claustro y en la norte del sobreclaustro. El acceso al sobreclaustro se efectuaba por la galería oeste mediante la escalera interior del muro, hoy fuera de servicio. En este mismo año, Enric Claudi Girbal, uno de los más conspicuos miembros de la Comisión y conservador del museo entre 1870 y 1895, criticaba el gasto que suponían las obras, diversos aspectos del proyecto y las recreaciones historicistas que desfiguraban el claustro:

Algunos otros mal llamados trabajos de restauracion pudieran impugnarse, como por ejemplo, el haberse empotrado en el nuevo muro de Oriente algunas urnas sepulcrales, que trascurriendo siglos, podrán confundirse con otros enterramientos del claustro; el enladrillado especial de que se ha revestido el pavimento de la planta baja, con el cual, además de desfigurarse el carácter del monumento, se han consumido no pocos jornales y material dignos de mejor aprovechamiento, aparte de que con ello se ha removido de su propio y natural lugar alguna lápida sepulcral de respetable antigüedad.

Después de varios replanteamientos y hasta de un hundimiento de la bóveda de la galería sur recién construida (1872) la obra se completaba paso a paso. En 1876 fueron colocadas las diez hiladas superiores de la galería sur. Sus sillares conservan aún la numeración pintada en rojo. Finalmente, a lo largo de 1877 se completó la bóveda de esta galería, construída en cuarto de círculo como las otras. El problema radicaba en que la bóveda original era de cañón, mucho más sólida. En la sesión del 22 de julio de 1876, celebrada en el propio claustro, la Comisión acordó:

Que se construya dicha bóveda de cuarto de círculo al igual de las demas de dicho claustro, no porque este Cuerpo crea ser esta su primitiva forma, sino por convenir mejor el construirla asi al destino y necesidades de dicho local y sobre todo á la edificacion de una escalera espaciosa que comunique las galerías bajas del claustro con las del piso superior, habienco en cuenta que al construirla de este modo en nada se infringen ni violentan los principios arquitectónicos á que obedece por su órden y, estilo el claustro de S. Pedro de Galligans.

Fig. 72. Hiladas de sillares ce la galería sur del claustro con la numeración (1876).

Fig. 73. Sondeo al pie de un pilar de la nave central (1950). Pueden apreciarse el enlosado románico y los dos pavimentos superpuestos de los siglos XIV y XVII-XVIII (Foto Sans, archivo MAC-Girona).

El 29 de octubre de 1877, al cabo de veinte años, era finalmente inaugurada la reconstrucción completa, con todas las galerías del claustro y del sobreclaustro restauradas y con la actual escalera de acceso al sobreclaustro acabada tan solo quince días atrás.

La última obra de la Comisión de Monumentos en el edificio tuvo lugar en 1914, cuando después de la preceptiva autorización episcopal, construyó una nueva sala sobre la sacristía de la iglesia. Es la sala del museo dedicada a la cultura ibérica.

En 1935 se construyó un altar nuevo para la Virgen de los Remedios en su ubicación tradicional en el primer absidiolo del brazo sur del transepto. Según la prensa local y tal como ya hemos comentado, había la intención de limpiar el interior del absidiolo y de reabrir su ventana, tapiada desde la fortificación de 1378.

Las obras modernas (1939-2010)

Las obras de restauración del conjunto del edificio entre 1947 y 1974 por el *Servicio de Defensa del Patrimonio Artístico Nacional*, inicialmente bajo la dirección del arquitecto Alejandro Ferrant, que enlazaron sin solución de continuidad con las efectuadas posteriormente por la Diputació de Girona y la Generalitat de Catalunya, tuvieron como objetivo fundamental "retornar" Sant Pere de Galligants a su "aspecto" románico. La restauración de Sant Pere de Galligants se efectuó de manera paralela a la de otra gran escenografía recreada de Girona: el Paseo Arqueológico.

Esta línea de intervención, aplicada generalmente en aquellos años, escogía un momento de la historia de los edificios en los que se intervenía (en nuestras iglesias románicas, claro está, el románico). Las estructuras más modernas eran destruidas sin miramientos y las estructuras románicas no conservadas eran recreadas con mayor o menor acierto según el criterio del arquitecto de turno. El resultado era un monumento sin historia posterior y de lectura muy complicada. Hemos podido comprobarlo al intentar seguir la evolución de Sant Pere de Galligants desde el románico al siglo XIX. Este es también el caso de un gran número de iglesias y de monumentos religiosos restaurados a partir de 1980. Tenemos una magnífica colección de pequeñas iglesias fosilizadas en un románico casi irreal, donde parece que el tiempo se detuvo justo al acabar su construcción.

Iglesia.- Las intervenciones en la iglesia se desarrollaron entre 1947 y 1982, y afectaron desde la cubierta al subsuelo, tanto en el interior como en el exterior. Al igual que en el claustro, los arqueólogos del museo aprovecharon las obras para intentar excavar o por lo menos documentar mínimamente los restos que las obras dejaban al descubierto y que tenían que ser destruidos o enterrados de nuevo. Entre 1947 y 1950 se inició la retirada de los escombros que cubrían el exterior de los ábsides hasta el nivel de las ventanas, que así pudieron ser reabiertas y reconstruidas cuando fue necesario. Se reconstruyeron las columnas interiores del ábside, desmontadas. También fueron retirados parte de los enlucidos y revoques interiores. En 1950 se efectuó un sondeo al pie de los pilares para intentar localizar sus basamentos. Apareció el enlosado románico de la nave a unos 70 cm por debajo del que estaba en uso en aquel momento, pero no el del ábside. En 1956 se restauraron las columnas adosadas a los pilares, que habían sido recortadas y de las cuales ya se habían eliminado previamente las decoraciones estucadas. En 1962 se abrió la lucerna de la bóveda del brazo sur del transepto y posiblemente también la ventana "románica" sobre la puerta de la antigua sacristía.

La actuación en el exterior prosiguió en 1957-1958 con la retirada de los escombros que cubrían el lado norte de la iglesia hasta el nivel del dintel de la pequeña puerta románica. Esta área, un cementerio que pudo ser parcialmente excavado, fue ajardinada. La cruz que actualmente figura en ella es moderna y solamente decorativa. No se trata de una cruz de término.

Fig. 74. El pavimento de la nave central levantado, 1958 (Foto Sans, archivo MAC-Girona).

Fig. 75. Restauración del campanario, 1964 (Foto Miquel Oliva i Prat, archivo MAC-Girona).

En 1958 tuvo lugar una de las intervenciones más drásticas. Fue levantado todo el pavimento de la nave central y de las laterales y volvió a ser colocado a la profundidad marcada por el enlosado románico localizado en el sondeo. Las sepulturas que aún se conservaban bajo las lápidas fueron destruidas y las lápidas colocadas en el nuevo nivel, pero algunas fueron considerablemente cambiadas de ubicación. Esta actuación obligó también a reestructurar el acceso a la puerta, un enlosado con escaleras formadas en parte por lápidas, que cubría la base de las columnas de la portada. Fue rebajado y las lápidas retiradas. Parece que alguna de ellas fue colocada en el claustro.

A partir de 1960 fue desmontada toda la parte de la fortificación que revestía la cabecera y sobreelevaba los ábsides. La obra continuó hasta 1962, momento en que comenzó la restauración del campanario. El exterior de la cabecera fue acondicionado entre 1968 y 1969.

En 1966 fue liberada completamente la fachada de la iglesia con el derribo de Can Miralles, parte del antiguo palacio abacial que se le había adosado hasta casi la puerta. Como parte de las obras del Paseo Arqueológico se abrió el paso hacia la *Plaça dels Jurats*, al otro lado del río, eliminando las construcciones que se habían ido levantando en el patio interior y sobre las cubiertas de la nave lateral de la iglesia. La rehabilitación de la fachada prosiguió en 1968, coronándola con las siete últimas hiladas por encima del rosetón. Fue en este momento cuando se descubrió la inscripción de la parte superior del rosetón. El 1972 se completó la "limpieza" interior con el repique de la bóveda y de detalles ornamentales de yeso o estuco que habían sobrevivido y con el uso de chorro de arena para retirar las capas pictóricas modernas, limpieza que comportó la destrucción de capas pictóricas más antiguas y de algunos de los capiteles de la iglesia.

Finalmente, en 1981 se desmontó y restauró el rosetón. Antes de devolverlo a su lugar original, en la fachada, se realizó una reproducción a tamaño natural que desde entonces se halla expuesta en el absidiolo del brazo norte del transepto.

Campanario.- La reconstrucción del campanario tuvo lugar entre 1962 y 1965 aproximadamente. Fueron desmontados todos los añadidos del siglo XIX y se recuperó el aspecto románico basándose en las partes conservadas, salvadas de los proyectiles franceses. Para la cubierta se plantearon diversas soluciones y al final se optó por un modelo calcado del campanario del vecino monasterio de Sant Daniel.

Claustro.- En 1948 comenzó la sustitución del pavimento de ladrillo y losas del claustro colocado por la Comisión de Monumentos. En la galería oeste fueron instaladas, previa excavación, diversas lápidas *de escaso valor arqueológico y que se han restituido de esta forma a su antigua función.* Otras lápidas de la galería norte, sin relación aparente con las sepulturas excavadas en 1974, aparecen colocadas con una orientación opuesta a la que deberían tener. Para poder leerlas hay que situarse de cara al oeste y no hacia el este como es habitual. A partir de 1973 las obras se limitaron básicamente al acondicionamiento como salas de exposición del museo arqueológico, cuya remodelación fue inaugurada en 1981. Hubo que reconstruir en buena parte la estructura del sobreclaustro, que estaba en muy malas condiciones.

En los últimos años ha sido necesario intervenir puntualmente para solucionar los destrozos provocados especialmente en la galería sur del sobreclaustro por los frecuentes movimientos y asientos de su estructura, cimentada en el lecho del río. Ya hemos visto como, fruto de esta restauración, el claustro presenta el pavimento en cuatro niveles, otro ejemplo de un problema resuelto sin relación con la que debía ser la solución original: un nivel único, con escalones para acceder a la iglesia.

Fig. 76. Cabecera de Sant Pere de Galligants desde los jardines del Dr. Figueras.

Cuaderno de campo

Mitología: sirenas y centauros

El arte románico incorporó seres de la mitología clásica a su repertorio iconográfico, cambiando su sentido y simbología originales por un significado cristiano. Esta influencia clásica fue más intensa en zonas, como Provenza por ejemplo, donde los modelos, especialmente romanos, que los artistas románicos tenían a su alcance se habían conservado en mayor cantidad.

Entre los elementos mitológicos que nos han legado los capiteles de Sant Pere de Galligants destaca uno que se ha convertido quizás en su icono más popular: la sirena-pez del capitel 39 del claustro. Su popularidad la convirtió en el tema de una leyenda gerundense de nuevo cuño: la sirena del Galligants. Para ser exactos, tendríamos que hablar de sirenas, en plural, porque dicho capitel tiene cuatro, una por cada cara. La sirena aparece aquí representada con doble cola, sosteniendo cada una de ellas en una mano. La doble cola, más allá de los simbolismos que a veces se le han querido buscar y que posiblemente tenga, es una forma de llenar el volumen del capitel.

La sirena-pez, con cuerpo de mujer y cola de pez, tiene su origen en los tritones y en las nereidas, divinidades marinas con cuerpo humano y cola de pez. Las sirenas clásicas, en cambio, las seductoras por excelencia que atraían a los marineros con sus cánticos y los conducían a la muerte, tenían cuerpo de pájaro y cabeza femenina. En el claustro de Sant Pere de Galligants hay otro capitel, el número 12, que representa una sirena-pájaro, pero con cabeza masculina y barba.

La representación de personajes mitológicos más destacable de todo el repertorio iconográfico de Sant Pere de Galligants se halla en el transepto de la iglesia. El capitel 9, que conserva aún muchos restos de policromía, está centrado por una sirena-pez de cola simple, que sostiene un pez en cada mano (otra forma de llenar el espacio), rodeada o perseguida por cuatro centauros sagitarios, otros seres híbridos, mitad hombre mitad caballo, armados con arco y flechas. Dos de ellos apuntan a la sirena con sus armas, que no se han conservado. Esta representación, ni mucho menos exclusiva de Sant Pere de Galligants, puede tener una simbología de interpretación muy compleja. El cimacio del capitel aparece decorado con ovas en relieve y cabezas monstruosas en los ángulos.

Fig. 77. El capitel de la sirena (capitel 39 del claustro).

Fig. 78. Sirena-pez de cola simple entre cuatro centauros sagitarios (capitel 9 de la iglesia).

Que todos sepan que Pedro hizo esta ventana: ¿un escultor o un abad?

En la parte superior del rosetón, entre el círculo exterior y los arquillos interiores, hay una inscripción en latín, que desarrollada, dice:

OMNES COGNOSCANT PETRVM FECISSE FENESTRAM

Que todos sepan que Pedro hizo esta ventana.

La inscripción fue considerada como una especie de firma del autor del rosetón. También fue formulada la hipótesis de que este Pedro no era el escultor sino el abad bajo cuyo mandato fue construido el rosetón. En el abaciologio del monasterio tenemos a un abad llamado Pedro entre 1192 y 1200 y a otro en 1207, cronologías ambas que cuadran bien con la propuesta para el rosetón, fechado entre los últimos años del siglo XII y los primeros del XIII. Conocemos el nombre de escultores de la època románica. Sin ir más lejos, junto al capitel 109 del claustro del monasterio de Sant Cugat del Vallès (según la numeración de *Catalunya Romànica*), decorado con la representación de un escultor trabajando, figura la siguiente composición:

HIC EST ARNALLI
SCVLPTORIS FORMA GATELLI
QVI CLAVSTRVM TALE
CONSTRVXIT PERPETVALE

Esta es la imagen (figura) de Arnau Cadell, escultor, que construyó este claustro para la posteridad.

Se consideró que representaba un autorretrato firmado del autor de aquella parte del claustro, de una cronología también de finales del siglo XII, a partir de 1190.

Ahora bien, ¿qué representación acompaña a la inscripción del rosetón? Justo debajo, en el capitel inferior de la columnita que une el círculo lobulado exterior con el óculo central, aparece representado un abad sentado que sostiene el báculo (roto) en la mano derecha, con un monje a cada lado. En la parte posterior aparecen otros dos monjes y en los laterales se ven las cabezas de dos monjes más (una de las cuales está rota). Las caras de cada una de las figuras están perfectamente diferenciadas, como si se tratara de retratos.

Recuerda la composición de la viga pintada del baldaquino de Sant Miquel de Cruïlles, fechada a principios del siglo XIII y conservada en el Museu d'Art de Girona, en la cual se representa una procesión de monjes, asimismo bien individualizados. En un extremo aparece un abad con báculo entre dos monjes, una composición muy parecida a la del rosetón.

Pese a que no podemos tener la certeza de ello, todos estos factores nos inclinan a pensar que el Pedro de la inscripción debía ser el abad que aparece representado justo debajo del nombre. En este caso, deberíamos considerar que la inscripción significa: "Que todos sepan que Pedro hizo [construir] esta ventana".

Fig. 79. Detalle del rosetón con la figura de un abad sentado, con el báculo (roto) en la mano, rodeado de monjes (fotografía de la reproducción del rosetón).

La pila bautismal

Ya hemos hablado de la importancia que tuvo el gremio de curtidores para el burgo de Sant Pere y de cómo es aún posible seguir su huella. El elemento más representativo que nos ha llegado de su presencia y de su imbricación en el tejido social y religioso del barrio, además de las lápidas sepulcrales, había pasado totalmente desapercibido: la pila bautismal de Sant Pere de Galligants, fechada en 1550, que puede verse entrando a la iglesia a mano izquierda.

El sacramento del bautismo era administrado en la iglesia de Sant Pere, por lo cual el baptisterio tenía que estar en esta iglesia y no en la de Sant Nicolau.

El baptisterio solía ser una capilla cerrada, con un muro o con una reja, en cuyo interior se hallaba la pila bautismal, situada muy cerca de la entrada de las iglesias, en el lado izquierdo. En Sant Pere de Galligants estaba situado en el espacio que actualmente ocupa el almacén de la tienda del museo, en el extremo de la nave lateral izquierda, junto a la actual ubicación de la pila. Aún queda alguna marca visible en el muro de la iglesia.

La pila bautismal, de piedra caliza, tiene doce caras, seis de las cuales son lisas y en las seis restantes aparece la fecha, 15—50, alternada con dos escudos. La base y el pie están decorados con motivos vegetales y geométricos. Uno de los escudos muestra la tiara y las llaves. Es una de las formas habituales de representar a San Pedro, la advocación de la parroquia y del monasterio. El otro escudo es el que permite conocer quién había ofrecido y financiado la pila. Había sido interpretado erróneamente como una simbología eucarística, considerando que representaba un cuchillo y un pan. De haber sido una representación eucarística, no cuadraría mucho con un baptisterio, donde solía haber una imagen de San Juan Bautista bautizando a Jesús.

Son frecuentes los escudos que representan, más que las armas de un gremio, los símbolos de los oficios. Sin salir de Sant Pere

Fig. 80. La pila bautismal. Puede verse el escudo con la tiara y las llaves, el escudo de los curtidores y parte de la fecha.

Fig. 81. Detalle del escudo de los curtidores. Un cuchillo en la parte superior del campo y una piel con los extremos doblados, que habitualmente ha sido confundida con un pan, en la inferior.

de Galligants tenemos dos lápidas que representan de manera gráfica, con herramientas e instrumentos, el oficio del difunto: en la nave central, la lápida de Josep Cortils, *panificus* (panadero) de 1729, muestra una pala de panadero con tres panes. Frente a los absidiolos del brazo meridional del transepto, la de Jaume Buxó, maestro de casas, posterior a 1693, tiene un escudo con una paleta y un compás. El escudo de la pila representa con un minucioso detalle –tan meticulosamente como la tiara y las llaves del otro escudo– un cuchillo y una piel vista por encima, por el exterior, con los extremos doblados. Observándola con detalle, veremos que la parte interna de la piel, la parte doblada, está representada lisa, mientras que la parte exterior muestra aún el pelo. Con esta lectura, tenemos un escudo con la representación de un oficio: el de los curtidores, formado por la combinación de la herramienta (el cuchillo) y de la materia prima del trabajo (la piel del animal recién desollado).

El cuchillo y la piel de la pila bautismal de Sant Pere de Galligants son la imagen del oficio de los curtidores, mientras que el león coronado del dintel de Sant Nicolau los representa como colectivo organizado, ya que es el emblema del gremio, situado en la sede de su cofradía.

Un detalle final: si observamos la pila, veremos que tiene una parte del canto rota y restaurada con una nueva pieza sujeta por grapas de hierro. Quedó estropeada durante el sitio francés de 1809 y la posterior ocupación. Fue mandada reparar por los monjes a su regreso al monasterio en abril de 1814.

¿Quién era enterrado en Sant Pere de Galligants?

Desde el siglo XI como mínimo hay constancia, documental o arqueológica, de enterramientos en Sant Pere de Galligants. En 1089 testaba una mujer llamada Adelaida, cuyos albaceas eran su esposo y el abad del monasterio, Gaucefred. En el testamento especificaba su voluntad de ser enterrada en el monasterio, al cual legaba diversos bienes. Adosadas a la fachada de la iglesia había diversas tumbas de losas. Además, todo el entorno de Sant Nicolau y el lado norte de la iglesia de Sant Pere estaban ocupados por los cementerios de la parroquia y del monasterio. Se decía que Sant Nicolau estaba edificada en el cementerio de Sant Pere.

En el claustro tenemos las inscripciones funerarias (no las tumbas) de los abades Rotland (1154) y Bernat Aguiló (1273). A principios del siglo XIX aún se conservaba otra, junto a la de Bernat Aguiló. Notas conservadas en el archivo capitular nos permiten conocer su fecha, 1417, y parte del texto, pero no el nombre del difunto al cual honraba, posiblemente el abad Pere, documentado entre 1387 y 1417. El claustro, espacio destacado de enterramiento, contuvo diversas sepulturas, pero las lápidas que hoy pueden verse en él fueron colocadas durante las restauraciones y no pertenecían originalmente a este espacio, por lo menos en su mayor parte.

El pavimento de la iglesia ha conservado, cambiadas de lugar muchas de ellas y algunas actualmente tapadas, una buena cantidad de lápidas que permiten aproximarnos a las personas que fueron enterradas en el interior del templo, monástico y parroquial al mismo tiempo, no lo olvidemos, entre los siglos XVI y XVIII. Podríamos hablar también del siglo XV, ya que como mínimo una de las lápidas del transepto, anepígrafa, puede situarse en este momento. Las que parecen haberse mantenido más en su lugar de origen, pese a que pavimentos y niveles han sido considerablemente modificados y que la sepulturas que cubrían fueron desmontadas, son las del crucero, la del brazo norte del transepto y las primeras del pasillo central de la nave.

En primer lugar figuran las sepulturas de la comunidad monásti-

Fig. 82. Lápida del abad Antoni de Grimau (1790).

Fig. 83. Lápida de Juli Torrent y de Jaume Torrent i Vilert, curtidores de Girona (1643).

Fig. 84. Escudo de la lápida de Baudília Solivera (1620), ejemplo de armas parlantes. El apellido de la difunta está representado por un SOL y un OLIVO, en catalán OLIVERA (= SOLIVERA)

ca: tenemos las de cinco abades y dos monjes, cuyas fechas se escalonan entre 1619 y 1790. En un caso se trata de una sepultura doble. Cabe añadir, además, una sepultura común para los abades, en el brazo norte del transepto, del siglo XVII, y la lápida de un abad, sin nombre, que puede fecharse por paralelos en el siglo XVI, muy mal conservada y situada cerca de la entrada, donde se le representa con hábito y báculo.

En relación con el monasterio, tenemos las sepulturas de dos sacerdotes (siglo XVIII), uno de los cuales era un beneficiado, y parte de la lápida de otro, sin nombre ni fecha, que lo representa cubierto por un bonete. Podría ser otro beneficiado. Otra sepultura pertenece a la familia del abad Jeroni de Mora, enterrado a su vez en la iglesia (1706).

Ser sepultado en una iglesia comportaba una contraprestación económica, sea en forma de fundación de aniversarios o de misas, de dotación de beneficios o, simplemente, de donación de los bienes. Este era el caso de Baudília Solivera (1620), cuya lápida, en el pasillo central, especifica claramente que la iglesia poseía sus bienes: *cuius bona habet ecclessia*. Es necesario no olvidar que los derechos de enterramiento constituían una importante fuente de ingresos. Disfrutar del descanso eterno en el interior de una iglesia era un privilegio que no todo el mundo podía permitirse y que no hacía distinción de sexos. Es por esta razón que la nómina de las personas o familias enterradas en Sant Pere de Galligants constituye un retrato de la estructura socioeconómica del barrio a lo largo de los siglos XVI al XVIII, especialmente de los sectores mejor dotados económicamente. Retrato que complementa el proporcionado por fogajes, tallas, catastros y otras listas de habitantes del barrio de estos años, donde aparece la mayor parte de los apellidos de las lápidas y en algún caso el nombre mismo del difunto:

- Curtidores: 8 (5 sepulturas familiares y una doble) [una lápida tapada y una en el claustro].

- Pelaires: 3 (2 sepulturas familiares).

- Panaderos: 1.

- Revendedores: 1.
- Maestros de casas: 1.
- Droguero: 1 [lápida tapada].

La madrugada del 24 de abril de 1622 fue asesinado Antoni de Cartellà, abad del monasterio benedictino de Sant Esteve de Banyoles. La explosión de un barril de pólvora colocado bajo su cámara fue la causa de su muerte. Al cabo de pocos días fueron detenidos, acusados del crimen, tres monjes del propio monasterio: el sacristán Lluís Descall, el chantre Jeroni Serralta y el enfermero, Pere Antoni Serralta, hermano del anterior. Conducidos a Girona mediante un procedimiento irregular que conculcaba las Constituciones de Catalunya, los dos primeros reconocieron el crimen. Degradados de su condición de religiosos, fueron librados a la justicia civil, juzgados y condenados a muerte. Fueron agarrotados y, una vez muertos, decapitados. Las cabezas, colocadas en una jaula, fueron expuestas en una torre del monasterio de Banyoles. El 31 de mayo, los cuerpos de ambos ejecutados *foren soterrats en la claustra del monestir de Sant Pere de Galligans* (fueron enterrados en el claustro del monasterio de Sant Pere de Galligants). Dio fe Pere Ravell, sacristán del monasterio, que al morir en 1635, fue sepultado en la iglesia. Su lápida puede verse en el crucero. En 1628 (o 1630 según otras fuentes) el tercer implicado en el crimen, Pere Antoni Serralta, aún preso pese a no reconocer nunca su culpabilidad, fue asimismo degradado y juzgado, resultando condenado a *servir el rei en lo penyó dels Vélez, tota la vida a sa pròpia costa*. Es decir, fue recluido a perpetuidad en el peñón de Vélez de la Gomera, junto a la costa de Marruecos, teniendo que pagar su manutención. El proceso fue recogido por Miquel Cortiada, uno de los grandes jurisconsultos catalanes del siglo XVII en su *Decisiones Cancellarii & Sacri Regii Senatus Cathaloniae*, reeditada en varias ocasiones, y citado asimismo en los *Dietaris* de la Generalitat.

En un balcón de la antigua casa del sacristán del monasterio, medio oculto por un árbol, puede verse un dintel reutilizado con la inscripción ESTOTE PARATI, sacada de unos versículos de los evangelios de San Mateo o de San Lucas:

Ideo et vos estote parati, quia, qua nescitis hora, Filius hominis venturus est (Mt 24, 44).
Por eso, también vosotros estad preparados, porque en el momento que no penséis, vendrá el Hijo del hombre.

Et vos estote parati, quia, qua hora non putatis, Filius hominis venit (Lc 12, 40).
También vosotros estad preparados, porque en el momento que no penséis, vendrá el Hijo del hombre.

Es un eco de una antigua tradición benedictina, ya recogida por Jeroni Pujades: la maza de San Benito:

Es cosa certísima y la certifican en Cataluña cuantos monges y monjas hay en tantas y tan diferentes casas de este santo Orden, (y aun los monges del melifluo padre S. Bernardo como á hijos de S. Benito) que cuando se ha de morir algun religioso ó religiosa de la casa, dias antes sienten un cierto rumor, como que den golpes con un mazo, y le llaman la maza de San Benito; teniendo aquel rumor por anuncio ó presagio de la muerte de alguna persona de aquel convento donde se siente.

En la misma línea, el escudo de Miquel Sampsó I, abad del monasterio benedictino de Sant Salvador de Breda (1461-1507) está timbrado con dos mazas unidas por una cadena y muestra la divisa ESTOTE PARATI, como el dintel de Sant Pere de Galligants.

Fig. 85. Dintel con la inscripción ESTOTE PARATI reutilizada en un balcón de la antigua casa del sacristán de Sant Pere de Galligants.

Lápidas y sarcófagos: pequeños episodios de la historia

Colocados sobre ménsulas en las naves laterales de la iglesia, alineados en el suelo del claustro, vemos una serie de sarcófagos que en su origen no pertenecían al monasterio. Son osarios, donde eran depositados los huesos de los difuntos después de haber permanecido un tiempo enterrados en otro lugar. Forman parte de las colecciones del museo, igual que las ménsulas, más modernas que los sarcófagos que sostienen, y las lápidas expuestas con ellos.

Algunos de estos sarcófagos fueron integrados al edificio durante las sucesivas restauraciones a partir de 1857, por un criterio historicista. Lo mismo sucedió con las ménsulas y con algunas de las lápidas que podemos ver en el pavimento del claustro. Así se creó progresivamente una especie de decorado imposible, con una iglesia despojada de su ornamentación, parcialmente recreada con objetos de la más variada procedencia.

Estos elementos nos permiten entrever personajes y acontecimientos que de no ser por ellos nos pasarían por alto en el recorrido. Por esta razón utilizaremos algunos de ellos, indicando su procedencia cuando no sea el propio monasterio.

Fig. 86. Sarcófago de Ramon de Taialà (1307).

El constructor de los Baños Árabes

Los llamados Baños Árabes (*Banys Àrabs*), situados muy cerca de Sant Pere de Galligants, al otro lado del río, son uno de los edificios más conocidos del barrio antiguo de Girona. Los baños públicos de la ciudad fueron construidos durante los últimos años del siglo XII por Alfons I el Cast, rey de Aragón y conde de Barcelona. Aparecen documentados por primera vez en 1194. Situados, al igual que el monasterio, fuera del recinto amurallado de la ciudad, resultaron destruidos en el ataque de las tropas de Felipe el Atrevido de Francia en 1285. En 1294, Ramon de Taialà, juez de la Cort reial de Girona, ofreció a Jaume II reconstruir los baños a cambio de la concesión de los beneficios derivados de su utilización para él y sus descendientes. Jaume II se avino a ello, con la salvedad de que si él o sus sucesores querían recuperar la propiedad de los baños, podrían hacerlo siempre que reembolsasen al titular los dispendios ocasionados hasta entonces por la reconstrucción y el mantenimiento del edificio. Este fue el origen del edificio actual de los Baños Árabes, reconstruidos, o nuevamente construidos, por Ramon de Taialà entre 1294 y 1296.

Ramon de Taialà falleció en Tortosa en 1307, pero desconocemos dónde fue enterrado. Su sarcófago ingresó en el museo procedente de una casa de Calabuig (Bàscara, Alt Empordà) hacia 1974.

: H[IC : IACEN]T : OSSA : VEN*er*ABIL*is* : R*aimundi* : D*e* TOYLA*n*O : Qui : OBIIT : D*er*TUSE : VI° : I*dus* : AUGUSTI : AN*n*O : D*omi*NI : M° : CCC° : VII° :

: ET : I*n* HAC : DOMO : SUU*m* : ANIV*er*SARIU*m* : STABILIVIT : C*uius* : A*n*I*m*A : IN PACE : REQ*ui*ESCAT : AMEN :

Aquí reposan los huesos del venerable Ramon de Taialà, que murió en Tortosa el 8 de agosto del año del Señor 1307. Y en esta casa fundó su aniversario. Que su alma descanse en paz.

Procedencia: Can Trué, Calabuig (Bàscara, Alt Empordà)

La Peste Negra

La epidemia de peste de 1348, la llamada Peste Negra, es la más conocida de las epidemias de peste que asolaron Europa en época medieval y moderna. En la ciudad de Girona provocó alrededor de un millar de muertes (aproximadamente un 10% de la población) entre mayo y agosto de 1348. Fue el momento álgido, pero no el final, de un ciclo de malas cosechas y epidemias que comenzó en 1333, *lo mal any primer* (el primer mal año), y que prepararon el terreno para la elevada mortalidad que provocó el episodio de 1348. Las graves consecuencias demográficas, económicas, sociales y políticas de este ciclo se prolongaron durante décadas.

El monasterio de Sant Pere de Galligants resultó gravemente perjudicado por la peste de 1348: de los 14 monjes que formaban la comunidad, fallecieron 12, incluído el abad Pere de Font.

Uno de los sarcófagos expuestos en el claustro, el de Alfons Sifré y su famila, muestra en toda su crudeza los estragos de la epidemia:

HIC : IACENT VEN*er*ABILIS D*omi*N*u*S : ALFO*n*S
SUS : CIFFREDI : IUR*isper*IT*us* : G*er*UND*e* : ET
D*omi*NA : SANCIA : UXOR : SUA : PETR*us* : ET
DALMACI*us* FILII P*re*D*i*C*t*O*rum* Q*ui* OBIERU*n*T
AN*n*O : D*omi*NI : M° : CCC° : XLVIII° : I*n* M*en*SE : AU
GUSTI : Q*uorum* A*n*I*m*E REQ*ui*ESCA*n*T I*n* PACE : AME*n* :

Aquí reposan el venerable señor Alfons Sifré, jurisperito de Girona i la señora Sança, su esposa, Pere y Dalmau, hijos de ambos, que murieron en el mes de agosto del año del Señor 1348. Que sus almas descansen en paz. Amén.

Procedencia: Desconocida

Alfons Sifré fue uno de los cinco juristas de la ciudad que fallecieron víctimas de la peste. A diferencia de otros casos, en que cuando un mismo sarcófago contiene los restos de varios

Fig. 87. Sarcófago de Alfons Sifré y familia (1348).

Fig. 88. Los siete sarcófagos empotrados en el muro de la galería este del claustro.

Fig. 89. Luces y sombras sobre las lápidas de las monjas de Cadins.

difuntos, se diferencian las respectivas fechas de fallecimiento o se indica que es un traslado, en el sarcófago que contenía los restos de Alfons Sifré, de su esposa Sança y de sus hijos Pere y Dalmau, se especifica que los cuatro fallecieron en agosto de 1348. Nos hallamos, pues, ante la muerte de una familia completa en los últimos días de la epidemia.

Los otros monasterios y conventos de Girona

Las exclaustraciones de 1835 y la posterior desamortización de 1836 dejaron en manos del gobierno un imponente patrimonio monumental, artístico, bibliográfico y documental procedente de los conventos y monasterios que pasaron a ser de propiedad pública y que se habían salvado del saqueo y de la destrucción que sufrieron muchos de ellos. Para proteger este patrimonio se arbitraron diversas medidas, que culminaron en 1844 con la creación de las Comisiones de Monumentos, organismos provinciales cuya misión fundamental era la protección de este patrimonio y de las antigüedades que se considerasen dignas de ser conservadas.

La Comisión de Monumentos de Girona creó el Museo Provincial de Antigüedades y de Bellas Artes –origen del actual museo– en 1845. Poco a poco fueron ingresando en él diversos objetos procedentes de los monasterios y conventos desamortizados de la ciudad, especialmente del de Sant Francesc, rápidamente destruido, y del de Sant Domènec. El claustro de Sant Pere de Galligants, muy maltrecho por la inundación de 1843, fue escogido por la Comisión como sede del museo y comenzó su restauración tan pronto como le fue cedido por el obispo. Una de las primeras obras debió ser la reconstrucción de la galería este, prácticamente derrumbada. Al levantar el muro interior de dicha galería, fueron empotrados en él siete sarcófagos (osarios) procedentes del convento de Sant Francesc. Así empezó la reconstrucción escenográfica de Sant Pere de Galligants de la cual ya hemos hablado y que culminó bien entrada la segunda mitad del siglo XX.

La guerra civil de 1936-1939, especialmente en sus primeros meses, dio lugar a otro grave episodio de expolio y destrucción del patrimonio monumental y artístico religioso de nuestro país. El monasterio cisterciense femenino de Santa Maria de Cadins, las monjas Bernardas, situado entonces en el barrio del Mercadal de Girona y actualmente en Sant Medir, en el vecino municipio de Sant Gregori, fue totalmente destruido en los primeros días de la revolución. De este monasterio proceden tres lápidas que fueron instaladas en el pavimento de la galería oeste del claustro de Sant Pere hacia 1948, cuando fue restaurado. Dos de las lápidas, notables por sus escudos e inscripciones, pertenecían a monjas de las famílias Sant Celoni, con dos inhumaciones (1616 y 1624) y Farners, con tres (siglos XVI-XVII y 1615). La tercera y más dañada, que puede fecharse en el siglo XVI, pertenecía a una abadesa también de apellido Sant Celoni según el escudo. La lápida la representa con el hábito y el báculo, distintivo de las abadesas. En el abaciologio del monasterio, que todavía presenta varias lagunas, no figura ninguna abadesa de la familia Sant Celoni. La inscripción, que bordeaba la lápida, está destruida y no permite identificar ni su nombre ni la fecha de su muerte.

Sant Pere de Galligants y la *Diputació del General de Catalunya*

La *Diputació del General de Catalunya*, conocida también como Generalitat a partir del siglo XVI, se fue configurando poco a poco entre la Corte de Cervera de 1359, en que comenzó a tomar forma institucional, y 1714, en que fue abolida, como la principal institución de autogobierno del Principado. Estaba constituida por tres diputados (eclesiástico, militar y real) y tres oyentes de cuentas (*oïdors de comptes*) elegidos por períodos

Fig. 90. Lápida del abad Esteve Salacruz (1634).

de tres años o trienios. El diputado eclesiástico, por su preeminencia protocolaria sobre los otros, ostentaba la presidencia de la institución. Entre los diputados eclesiásticos, presidentes por tanto de la Generalitat, figuraron tres abades de Sant Pere de Galligants: Esteve Salacruz (de marzo a julio de 1632), Gispert d'Amat i Desbosc (1644-1647) i Francesc Antoni de Solanell i de Montellà (1710-1713).

Esteve Salacruz, abad entre 1631 y 1634, fue elegido diputado en sustitución de Pere Antoni Serra, obispo de Lleida, fallecido antes de finalizar su mandato y solo hasta final del trienio (*per lo residuum del trienni corrent*, según los *Dietaris* de la Generalitat) de ahí la brevedad de su mandato.

Es el único de los tres abades presidentes que falleció siendo abad de Sant Pere de Galligants. Fue enterrado en el crucero de la iglesia, donde puede verse su lápida:

QVIESCIT HIC CORPVS
ILL*ustr*IS ADMODVM*que* REVEREN
DI FRATRIS STEPHANI
SALACRVZ SACRAE THE
OLOGIE DOCTORIS EXI
MIY HVIVS*que* MONASTERII
BENEDICTINI ABBATIS
DIGNIS*s*IMI EFFLAVIT ANIMA*m*
DIE 15 OCTOBRIS
1634

Aquí reposa el cuerpo del ilustre y muy reverendo Fray Esteve Salacruz, eximio doctor en sagrada teología y dignísimo abad de este monasterio benedictino. Exhaló el alma el día 15 de octubre de 1634

Gispert d'Amat i Desbosc, abad entre 1639 y 1654, estuvo al frente de la institución en plena guerra *dels Segadors* o *de Separació*. Opuesto a la unión del Principado con Francia, fue detenido en la sede de la Diputació en marzo de 1646 y recluido en el castillo de Salses. En 1645, Felip d'Alentorn había sido nombrado abad de Sant Pere de Galligants por Luis XIV. Mn. Josep Sa-

nabre recoge la opinión que mereció a algnos contemporáneos: Pèire de Marca, visitador general del Principado y autor de *Marca Hispanica*, escribió de él en una memoria dirigida a París:

Habiendo finalizado el trienio de los diputados precedentes, se procedió a la elección de los nuevos el 22 de julio de 1644. Por el brazo eclesiástico, la suerte recayó en Dom Gispert Amat, abad de Galligants, de la orden de San Benito, un hombrecillo seco, insolente, temerario, presuntuoso e ignorante.

Gispert d'Amat, que firmaba los documentos como "Lo abat de Galligans", tampoco se ganó los elogios del delegado de la Santa Sede, V. Candiotti:

Los ministros del rey consideraban ajeno a su partido, o cuando menos proclive a separarse de él, al jefe de la Diputación, o diputado eclesiástico como ellos dicen, que es Dom Gispert Amat i Desbosc, conocido caballero, abad de Sant Pere de Galligants, en la diócesis de Girona, de la orden benedictina. Es de costumbres rudas, persona colérica, de espíritu proclive a la contradicción, no poco ambicioso, y se muestra como un religioso celoso de los asuntos eclesiásticos y antepone a todo la observancia de las Constituciones de Catalunya, lo que es una de las peculiares obligaciones que corresponden al magistrado de la Diputación.

Francesc Antoni de Solanell i de Montellà, abad entre 1710 y 1712, fue diputado durante el trienio 1710-1713, en plena guerra de Sucesión siendo el último de los presidentes en acabar el mandato.

Heráldica y erudición: escudos e inscripciones

Una ojeada a las lápidas y sarcófagos conservados en Sant Pere de Galligants basta para comprobar la variedad de las inscripciones, escudos y motivos heráldicos usados para honrar y recordar a los difuntos desde la época medieval.

Tenemos inscripciones que se limitan a recordar el nombre de los difuntos y la fecha de la muerte junto a otras que constituyen bellas muestras de erudición. Escudos con motivos heráldicos están acompañados por otros con armas parlantes que transcriben de forma gráfica el nombre de los difuntos o de sus oficios. Solo en un caso se ha conservado el color del escudo: el del abad Manuel de Mir (1712-1735) pintado en un dintel que fue colocado como elemento de ornamentación en la puerta de la sacristía de la iglesia cuando fue construida por la Comisión de Monumentos entre 1858 y 1860.

A lo largo de estas páginas hemos visto una muestra de estos escudos e inscripciones. Ahora vamos a fijar nuestra atención en dos lápidas notables por sus inscripciones y motivos heráldicos.

Las armas parlantes y el sello del monasterio

En el pavimento del brazo norte del transepto de la iglesia, al pie de la reproducción del rosetón, se encuentra una lápida funeraria que merece una atención especial, tanto por su escudo –las armas parlantes del monasterio– como por la inscripción, que es una exhibición de erudición bíblica y de cultura clásica.

El texto de la inscripción refunde un versículo de la epístola de San Pablo a los filipenses con uno de las *Tusculanae Disputationes*, las Tusculanas, una obra de cariz filosófico de Marco Tulio Cicerón. Convirtiendo del singular al plural un pronombre del texto de San Pablo y omitiendo algunas palabras del de Cicerón, el redactor compuso un nuevo texto que combinaba el profundo sentido cristiano del apóstol con la elegancia clásica del lenguaje del político y orador romano:

NOBIS VIVERE XPO EST
ET MORI LVCRVM
SEPELLIENDVS IGITVR EST
DOLOR

Para nosotros vivir es Cristo y la muerte una ganancia. Hay que enterrar, pues, el dolor.

Fig. 91. La tumba común de los abades del monasterio (siglo XVII).

Estos son los textos originales:

Mihi enim vivere Christus est et mori lucrum (Fl 1, 21)

Pues para mí la vida es Cristo, y la muerte, una ganancia.

Amittenda igitur fortitudo est aut sepeliendus dolor (Tusculanas II, 32)

Hay que renunciar, pues, a la fortaleza o enterrar el dolor.

En heráldica, el término armas parlantes se usa para referirse a aquellas armas, los elementos que componen un escudo, que representan de manera gráfica el nombre al cual corresponde:

Tiara pontificia con las llaves [San Pedro], con un gallo encima y un río debajo, todo rodeado por una bordura con la divisa ET CONTINVO GALLVS CANTAVIT [de Galligants]. En la parte superior figura, como timbre, una corona [el monasterio era considerado una fundación de Carlomagno] entre una mitra y un báculo [atributos de la dignidad de los abades mitrados]. La divisa es un versículo del evangelio de San Mateo:

Et continuo gallus cantavit (Mt 26, 74)

En seguida cantó el gallo.

La lápida no lleva fecha, pero puede situarse en el siglo XVII. Una persona de aquella época versada en temas históricos podría leer en ella que la tumba pertenecía a los abades mitrados del monasterio de Sant Pere de Galligants, fundado por Carlomagno, que tomó el nombre del río junto al cual fue construido. Efectivamente, se trata de una tumba común de los abades de Sant Pere de Galligants. ¿Recuerdan el texto de Jeroni Pujades sobre el origen y el nombre del monasterio? Este escudo es su transcripción en piedra.

Fig. 92. Escudo de la tumba común de los abades.

Fig. 93. Sello del monasterio de Sant Pere de Galligants, sin fecha (F. de Sagarra, *Sigillografia catalana*, núm. 4741).

El escudo con la tiara, el gallo y el río, timbrado con los atributos abaciales y una corona, era la señal heráldica que escogió el monasterio para identificar a sus abades difuntos. De esta manera los revestía con el prestigio derivado de la pretendida fundación de Carlomagno –falsa, como ya hemos dicho- indicada por la corona.

La auténtica señal heráldica del monasterio la hallaremos, no en esta lápida, sino en los sellos usados para autentificar los documentos. Conocemos dos ejemplares de los últimos años del siglo XVIII: una imagen de San Pedro sentado en la cátedra, coronado con la tiara, con las llaves en la mano izquierda y la derecha alzada en actitud de bendecir, todo rodeado por una bordura con la divisa + SIGNVM · MONASTERII · S · PETRI · GALLICANTVS, o abreviada: + SIG · MONAST STI PETRI · GALLICANTVS.

El abad Mir

La lápida del abad Manuel de Mir i Cadena (1712-1735) es, sin ninguna duda, la que ostenta la inscripción más elaborada. Redactada en latín, se caracteriza por el gran número de abreviaturas y de palabras ligadas que contiene. Es un despliegue de la competencia latina y epigráfica de los monjes del siglo XVIII. Y también del oficio de los artesanos gerundenses que tuvieron que trasladar a la piedra de forma legible un texto tan complicado como éste. Lo presentamos con las abreviaturas resueltas para facilitar su lectura:

Deo Optimo Maximo

HIC IACET PERILLVSTRIS DOMINVS DOMINVS FRATER
EMMAN[U]EL DE MIR ET CADE-
NA A CONSILIJS CATHOLICAE MAJESTATIS
ET HVIVS IMPERIALIS MONASTERII DIGNISSIMVS ABBAS
QVI TAM FVLSIT RELIGIONE QVAM
ET ERVDITIONIS GRATIA AB ANNO

Fig. 94. Lápida del abad Manuel de Mir (1735).

REPARATAE SALVTIS 1712, VSQVE
AD 1735, IN QVO FVIT SVI OBITVS
DIE 24, APRILIS,
NON TERRAS FLETIBVS, NON AEQVORA
LACRIMIS, NON AERA GEMITIBVS, QVASSET
IN PACE (FAVENTE DEO) QUIESCIT, COELUM GAVDIO, CA-
PIT
Divisa del escudo: ELABORAVI PRO FIDELITATE

A Dios, que es muy bueno y muy grande.
Aquí reposa el muy ilustre señor Dom Fray Manuel de Mir i Cadena, del Consejo de Su Majestad católica y abad dignísimo de este imperial monasterio, que sobresalió tanto en vida religiosa como en erudición, desde el año de la redención de 1712 hasta 1735, en el cual falleció el día 24 de abril. Que no se remueva la tierra por los lamentos, ni el mar por las lágrimas, ni el aire por el llanto, porque él, por el favor de Dios, reposa y gana gozoso el cielo.
Me esforcé por la fidelidad.

(Según la versión de Miquel Sitjar i Serra)

Echemos un vistazo al escudo. Timbrado con el capelo abacial, con seis borlas por lado, como es habitual en todas las lápidas de los abades del monasterio, no lleva ni la mitra ni el báculo, propios de los abades mitrados. De hecho no destacaría entre los que podemos ver en las diversas lápidas si no fuera por un detalle añadido. La puerta de la sacristía de la iglesia, construida por la Comisión de Monumentos, fue decorada con un dintel procedente de alguna parte destruida del monasterio, que ostenta el mismo escudo de esta lápida, el escudo del abad Mir, pero pintado. Es el único escudo de todo el monasterio que se nos muestra con los colores originales. En ocasiones, escudos de linajes diferentes muestran las mismas armas, pero con colores y metales cambiados para poderlos diferenciar. La heráldica es un lenguaje codificado muy estricto, en el que cada elemento tiene su encaje preciso. Este escudo coloreado nos permite hacernos una idea del mundo de color que rodeaba a escudos y señales heráldicas, que habitualmente nos han llegado desprovistos de él, sea porque no estaban pintados, sea porque los colores se han perdido.

Fig. 95. Escudo del abad Manuel de Mir (1712-1735), pintado en un dintel reutilizado en la construcción de la sacristía de la iglesia entre 1858 y 1860.

El monasterio desaparecido

Una pequeña selección de objetos procedentes del monasterio de Sant Pere de Galligants, hallados durante las obras de restauración y conservados en el Museu d'Arqueologia de Catalunya-Girona

Fig. 96. Cáliz y patena de los siglos XVII-XVIII y revestimiento de plata del brazo de una cruz del siglo XIV. Son los únicos objetos litúrgicos del monasterio que se han conservado.

Fig. 97. Detalle del revestimiento del brazo de la cruz. Obsérvese la cenefa que lo decora y la impronta del punzón de la ciudad de Girona, que garantizaba la ley de la plata.

Fig. 98. Derribo de Can Miralles (1966). El medallón de estuco proviene de esta casa. El dintel, reutilizado, de la ventana que se ve a la derecha del rosetón, es uno de los dos conservados de la biblioteca del monasterio (Foto Miquel Oliva i Prat, archivo MAC-Girona).

Fig. 99. Medallón ornamental de estuco con un relieve mitológico que representa una escena con la diosa Diana. Puede datarse en el siglo XVIII y proviene de la decoración de una de las estancias del palacio del abad derribadas en 1966.

El monasterio oculto

Algunos espacios del monasterio son de difícil acceso, sea porque están cerrados a la visita pública, sea porque por su situación son difíciles de observar. Pero siempre tienen detalles que vale la pena contemplar. He aquí algunos de ellos.

Fig. 100. Esta ave, de trazo delicado y preciso, es uno de los grafitos incisos que se han conservado en Sant Pere de Galligants.

Fig. 101. Escalera de caracol que da acceso a la capilla del Sepulcro.

Fig. 102. La capilla del Sepulcro, en el primer piso del campanario, tiene diversos relieves esculpidos, uno de los cuales podría enlazar con los motivos ornamentales del llamado "románico erótico" del norte peninsular.

Fig. 103. Desde el extremo de una de les cornisas de la fachada, esta cara observa atentamente a los visitantes.

Rincones del monasterio: pequeños detalles para observar

Una visita atenta revela una infinidad de pequeños detalles curiosos. En el interior y en el exterior del monasterio, en las paredes, en las lápidas, en los capiteles... Esta es una pequeña muestra.

Fig. 104. La ventana de uno de los absidiolos de la cabecera muestra una exquisita decoración: una arquivolta de piedra volcánica corona un arco monolítico adornado con un motivo sogueado y unas flores.

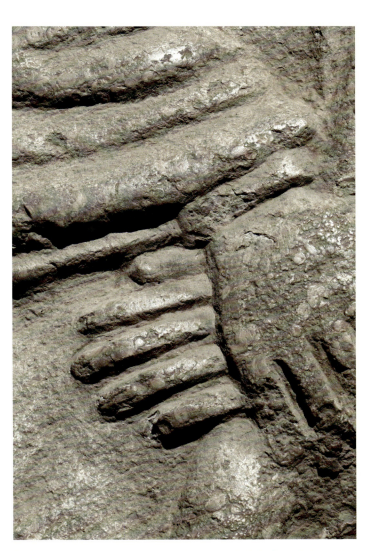

Fig. 105. Las manos cruzadas de una abadesa desconocida reposan sobre el báculo. La lápida, que fue colocada en el claustro de Sant Pere de Galligants en 1948, procede del monasterio cisterciense de Santa Maria de Cadins.

Fig. 106. Esta pequeña cuña de madera, que sujeta el capitel y la imposta, permanece olvidada desde la restauración del claustro efectuada por la Comisión de Monumentos (capitel 3).

Fig. 107. En los frisos de dientes de sierra que coronan absidiolos y muros se combinan, a veces con una alternancia perfecta, los bloques de piedra caliza, gris, y de piedra volcánica, negra.

Glosario

Glosario

Anepígrafo: Que no tiene ninguna inscripción.

Arco fajón: Arco que sobresale del intradós de una bóveda.

Arco formero: Cada uno de los arcos que separan la nave central de las laterales.

Arco toral: Cada uno de los cuatro arcos sobre los que descansa una cúpula. Por extensión, son los que delimitan el crucero de Sant Pere de Galligants.

Arcuación: Serie de pequeños arcos usados como motivo decorativo.

Arquivolta: Arco con motivos moldurados que recorren toda su curva. Diversas arquivoltas en degradación suelen formar parte de las puertas románicas.

Bacinero: Encargado de recabar limosna.

Báculo: Cayado usado por obispos, abades y algunas abadesas como símbolo de autoridad.

Beneficiado: Presbítero que goza un beneficio eclesiástico, es decir, un cargo con deberes y servicios, que comporta una renta.

Bóveda de cañón: Bóveda generada por un arco de medio punto, que tiene forma de cilindro cortado longitudinalmente por la mitad. Se utiliza para cubrir la nave central.

Bóveda de cuarto de círculo: Bóveda que es la mitad de una bóveda de cañón y se emplea para cubrir las naves laterales, contrarrestando el empuje de la bóveda de la nave central.

Bóveda por arista: Bóveda compuesta formada por dos bóvedas de cañón que se cruzan y al cortarse forman cuatro aristas.

Cabecera: Parte de la iglesia que va del extremo posterior al transepto, en la cual se hallan los ábsides.

Calado: Motivo ornamental perforado o agujereado.

Camarero: En un monasterio, el encargado de proporcionar vestido a los monjes.

Capitel corintio: Tipo de capitel griego, ornamentado con tres niveles de hojas de acanto, caulículos y volutas, imitado en el románico.

Chantre: Director del canto litúrgico en el coro.

Cimacio: Parte superior del capitel, decorada, donde reposa el arco.

Clausura: Espacio del monasterio reservado a los religiosos, donde las personas ajenas a la comunidad tienen prohibida la entrada.

Coro: Espacio de la iglesia destinado al canto de los oficios divinos.

Crucero: Espacio cuadrado delimitado por la intersección de la nave principal y el transepto de una iglesia.

Desamortización: Venta por parte del estado de los bienes inmuebles de las comunidades religiosas. La más conocida fue la promovida por el ministro Juan Álvarez Mendizábal en 1836.

Doble derrame: Sesgo oblicuo empleado en puertas y ventanas cuando están abiertas en muros de mucho grosor.

Enfermero: En un monasterio, el monje que se ocupa de los enfermos.

Etimología: Origen de una palabra.

Extradós: Superficie exterior (convexa) de un arco o de una bóveda.

Fraile mínimo: Religioso de una orden fundada por San Francisco de Paula.

Grifo: Animal mitológico con cabeza y alas de ave y cuerpo de león.

Guardapolvo: Cornisa o voladizo colocado por encima de puertas, ventanas u otros elementos para protegerlos de la lluvia o como elemento ornamental.

Hagiografía: Biografías de santos.

Heráldica: Ciencia que estudia los escudos de armas.

Iconografía: Descripción de las imágenes o representaciones gráficas.

Imposta: Sillar o hilada de sillares que sobresale del muro para servir de soporte a un arco, a una bóveda.

Intradós: Superficie interior (cóncava) de un arco o de una bóveda.

Lacería: Motivo decorativo consistente en el entrelazado de elementos geométricos o vegetales.

Limosnero: En un monasterio, el encargado de administrar las limosnas.

Ménsula: Elemento arquitectónico que sobresale del paramento de un muro y sirve para sujetar o sostener alguna cosa.

Mitra: Toca alta y apuntada, propia de los obispos y de los abades que tienen derecho a usarla (abades mitrados).

Ochavado -a: Que tiene ocho lados o caras.

Parroquia sufragánea: Parroquia que depende de otra de rango superior.

Pavorde: En un monasterio, el encargado de la administración de los bienes de la comunidad.

Pontifical: Ornamentos propios de la dignidad episcopal o abacial.

Porción: Pensión que reciben los monjes y los beneficiados en concepto de alimentación.

Presbiterio: Parte de la iglesia, más elevada que el resto, donde se ubica el altar mayor, y que corresponde al interior del ábside.

Púlpito: Elemento arquitectónico de madera, con una especie de pequeño balcón, accesible por una escalera y que se emplea para la predicación.

Sacristán: En un monasterio, el encargado del cuidado de todo lo referente al culto.

***Scriptorium*:** [Latín] Espacio del monasterio dedicado a la copia y a la iluminación de libros manuscritos.

Tiara: Triple corona rematada por una cruz, insignia de la dignidad del Papa. Se usa también como símbolo de San Pedro.

Tímpano: Espacio semicircular situado entre el dintel de un portal y el arco.

Transepto: Nave transversal de una iglesia, perpendicular a la nave central.

Trompa: Elemento arquitectónico en forma de concha, construido en las esquinas, que permite pasar de una planta cuadrangular a una octogonal.

Tropo: Textos cortos añadidos o intercalados en los cantos de la misa de determinadas festividades.

Ventana geminada: Ventana dividida en dos partes por una columnita central.

Vicario general: Monje que ostentava la representación del abad en el ejercicio de su jurisdicción.

Fuentes documentales y bibliografía

Fuentes documentales y bibliografía

Fuentes documentales

Archivo del Museu d'Arqueologia de Catalunya-Girona: Sant Pere de Galligants. Fons Comissió de Monuments. Fons Joan Sanz. Originals Miquel Oliva.

Bibliografía

ADELL, J. A. 1991, Sant Pere de Galligants, *Catalunya Romànica, V (Gironès. Selva. Pla de l'Estany)*, Barcelona, Enciclopèdia Catalana, 155-156.

ALBERCH, R. 1984, *Gremis i oficis a Girona*, Girona, Ajuntament de Girona.

ALCOY, R. 2005, El taller dels Serra, *L'art gòtic a Catalunya. Pintura I. De l'inici a l'italianisme*, Barcelona, Enciclopèdia Catalana, 254-272.

ALSIUS, P. 1872, *Ensaig histórich sobre la vila de Banyolas*, Barcelona, Estampa de L. Obradors y P. Sulé.

ANGUERA, P., CANALES, A. F., CLARA, J. *et al.* 1996, *El catalanisme conservador*, Girona, Cercle d'Estudis Històrics i Socials, Quaderns del Cercle; 12.

BARRAQUER, C. 1906, *Las casas de religiosos en Cataluña durante el primer tercio del siglo XIX*, Barcelona, Imprenta de Francisco J. Altés y Alabart.

BARRAQUER, C. 1915-1917, *Los religiosos en Cataluña durante la primera mitat del siglo XIX*, Barcelona, Imprenta de Francisco J. Altés y Alabart.

BATLLE, L. 1966a, Notícies de llibres de monastirs benedictins del bisbat de Girona, *Analecta Sacra Tarraconensia* 39.2, 283-290.

BATLLE, L. 1966b, La biblioteca del monasterio de San Pedro de Galligans, *Revista de Gerona* 35, 28-29.

BATLLE, L. 1970-1971a, La biblioteca del monasterio de San Feliu de Guíxols, *Anales del Instituto de Estudios Gerundenses* 20, 105-178.

BATLLE, L. 1970-1971b, La antigua capilla de San Miguel de la Casa de la Ciudad, *Anales del Instituto de Estudios Gerundenses* 20, 317-355.

BAUCELLS, J., FÀBREGA, A., RIU, M. *et al.* 2006, *Diplomatari de l'Arxiu Capitular de la catedral de Barcelona. Segle XI. Volum V.* Barcelona, Fundació Noguera, Diplomataris; 41.

BESERAN, P. 1990, Alguns capitells de Sant Pere de Galligants i el mestre de Cabestany, *Estudi General* 10 (Girona revisitada. Estudis d'art medieval i modern), 17-44.

BESERAN, P. 1991, Sant Pere de Galligants, *Catalunya Romànica, V (Gironès. Selva. Pla de l'Estany)*, Barcelona, Enciclopèdia Catalana, 156-170.

BOADAS, J. 1986, *Girona després de la Guerra de Successió. Riquesa urbana i estructura social al primer quart del segle XVIII*, Girona, Institut d'Estudis Gironins, Col·lecció de monografies de l'Institut d'Estudis Gironins; 13.

BORROMEO, C. 1985, *Instrucciones de la fábrica y del ajuar eclesiásticos* (edició de Bulmaro Reyes Coria), México, D. F., Universidad Nacional Autónoma de México, Estudios y fuentes del Arte en México; 49.

BOSCH, J. 1998, Gabriel Rovira. Notícies 1572-1610 (+), *in* Bosch, J., Garriga, J. (dir.), *De Flandes a Itàlia. El canvi de model en la pintura catalana del segle XVI: el bisbat de Girona*, Girona, Museu d'Art de Girona, 222-224.

BOTET I SISÓ, J. 1907-1911, *Les monedes catalanes*, Barcelona, Institut d'Estudis Catalans.

BOTO, G. 2006-2007, Articulación de los espacios cultuales en Sant Pere de Galligants. Indagación acerca de una arquitectura con nexos sonoros, *Lambard. Estudis d'art medieval* 19, 11-37.

CABESTANY, J.-F., MATAS, T. 2006, *Diccionari d'arquitectura romànica catalana*, Barcelona, TERMCAT.

CALZADA, J. 1983, *Sant Pere de Galligans. La història i el monument*, Girona, Diputació de Girona.

CAMPS, J. 1990, Reflexions sobre l'escultura de filiació rossellonesa a la zona de Ripoll, Besalú, Sant Pere de Rodes i Girona vers la segona meitat del segle XII, *Estudi General* 10 (Girona revisitada. Estudis d'art medieval i modern), 45-69.

CAMPS, J. LORÉS, I. 2000a, Sant Pere de Galligants, *in* Bonnery, A, Burrini, M., Camps, J, et al., *Le maître de Cabestany*, [s. l.], Zodiaque, La voie lactée; 3, 28-31.

CAMPS, J. LORÉS, I. 2000b, État de la question, *in* Bonnery, A, Burrini, M., Camps, J, et al., *Le maître de Cabestany*, [s. l.], Zodiaque, La voie lactée; 3, 207-213.

CANAL, J., CANAL, E., NOLLA, J. M., SAGRERA, J. 2000, *El sector nord de la ciutat de Girona. De l'inici al segle XIV*, Girona, Ajuntament de Girona, Història urbana de Girona. Reconstrucció cartogràfica; 4.

CANAL, J., CANAL, E., NOLLA, J. M., SAGRERA, J. 2003, *Girona, de Carlemany al feudalisme (785-1057). El trànsit de la ciutat antiga a l'època medieval*, Girona, Ajuntament de Girona, Història urbana de Girona. Reconstrucció cartogràfica; 5.

CANAL, J., CANAL, E., NOLLA, J. M., SAGRERA, J. 2004, *Girona, de Carlemany al feudalisme (785-1057). El trànsit de la ciutat antiga a l'època medieval (II)*, Girona, Ajuntament de Girona, Història urbana de Girona. Reconstrucció cartogràfica; 6.

CANER, V. 2002, *L'església del monestir de Sant Pere de Galligants. Primera aproximació a l'edifici [tesi de llicenciatura]*, Lleida, Universitat de Lleida.

CAÑELLAS, S. 2008, [Els vitralls.] La renovació de la segona meitat del segle XV i el pas cap al Renaixement, *L'art gòtic a Catalunya. Arts de l'objecte*, Barcelona, Enciclopèdia Catalana, 251-257.

CASTELLS, N. 1982, L'estructura familiar de la població gironina el 1631, *Estudi General 2* (Girona a l'època moderna: demografia i economia), 107-164.

CHÍA, J. 1861, *Inundaciones de Gerona*, Gerona, Imprenta y Librería de Paciano Torres.

CHÍA, J. 1888-1890, *Bandos y bandoleros en Gerona. Apuntes históricos desde el siglo XIV hasta mediados del XVII*, Gerona, Imprenta y Librería de Paciano Torres.

CHÍA, J. 1895, *La festividad del Corpus en Gerona. Noticias históricas acerca de esta festividad desde el siglo XIV hasta nuestros días*, Gerona, Imprenta y Librería de Paciano Torres.

CLARA, J. 1982, La ciutat de Girona a mitjan segle XVII (a través de la talla del 1651), *Estudi General 2* (Girona a l'època moderna: demografia i economia), 59-84.

CONSTANS, L. G. 1960, *Francesc de Montpalau, abat de Banyoles, ambaixador del General de Catalunya*, Barcelona, Institut d'Estudis Catalans, Memòries de la Secció Històrico-arqueològica; 21.

COROLEU, J. 1888, Noticias históricas sobre los muros de Gerona, *Asociación Literaria de Gerona. Certamen de 1887*, Gerona, Establecimiento tipográfico de Paciano Torres, 71-132.

CORTIADA, M. 1727, *Decisiones Cancellarii & Sacri Regii Senatus Cathaloniae...*, Venetiis Ex Typographia Belleoniana [http://books.google.cat/books?id=dGG8lp5IENEC&pg. Consulta: 21 marzo 2010].

COSTA, M. M. 1959, Comentario a siete lápidas del Museo Arqueológico Provincial, *Revista de Gerona* 7, 83-86.

DALMASES, N. de 1992, *Orfebreria catalana medieval: Barcelona 1300-1500 (aproximació a l'estudi)*, Barcelona, Institut d'Estudis Catalans, Monografies de la Secció Històrico Arqueològica; I/1-2.

DOMÈNECH, G. 1996, L'escultor Francesc Generes a Girona, *Locus amoenus* 2, 191-198.

DOMÈNECH, G. 2001, *Els oficis de la construcció a Girona 1419-1836*, Girona, Institut d'Estudis Gironins, Col·lecció de monografies de l'Institut d'Estudis Gironins; 17.

ELÍAS DE MOLINS, A. 1900, Relación inédita de la muerte del abad de Banyolas en 1622, *Revista de Archivos, Bibliotecas y Museos* 4, 176-178, 276-278.

ESCHAPASSE, M. 1963, *L'architecture bénédictine en Europe*, Paris, Editions des Deux-Mondes, Architectures; 1.

FITA, F. 1873, *Los reys de Aragó y la seu de Girona desde l'any 1462 fins al 1482. Col·lecció de actes capitulars, escritas per Andreu Alfonsello, vicari general de Girona*. Barcelona, Estampa Catalana de L. Obradors y P. Sulé. [http://www.archive.org/details/losreysdearagyoogeri. Consulta: 21 marzo 2010].

FLUVIÀ, A. de 1982, *Diccionari general d'heràldica*. Barcelona, Edhasa.

FREIXAS, P. 1983, *L'art gòtic a Girona. Segles XIII-XV*, Barcelona, Institut d'Estudis Catalans, Memòries de la Secció Històrico-arqueològica; 32.

FREIXAS, P. 1985-1986, Documents per a l'art renaixentista català. L'escultura gironina a la primera meitat del cinc-cents, *Annals de l'Institut d'Estudis Gironins* 28, 245-279.

FREIXES, P. 1976-1977, El Mestre Pere de Galligans i Ripoll, *Anales del Instituto de Estudios Gerundenses* 22, 321-323.

FULLANA, M. 1974, *Diccionari de l'art i dels oficis de la construcció*, Palma de Mallorca, Moll.

GIBERT, J. 1946, *Girona. Petita història de la ciutat i de les seves tradicions i folklore*, Barcelona, Tallers gràfics "C. N. Gisbert".

GRAHIT, E. 1894, *Reseña histórica de los sitios de Gerona en 1808 y 1809*, Gerona, Imprenta y Librería de Paciano Torres.

GUDIOL I CUNILL, J. 1931-1933, *Nocions d'arqueologia sagrada catalana*, Barcelona, Josep Porté, impr. 1931-1933 (Vic: Tipografia Balmesiana).

GUERRA, M. 1978, *Simbología románica. El Cristianismo y otras religiones en el arte románico*, Madrid, Fundación Universitaria Española.

GUILLERÉ, C. 1984, La Peste Noire à Gérone, *Annals de l'Institut d'Estudis Gironins* 26, 87-75.

GUILLERÉ, C. 1993-1994, *Girona al segle XIV*, Girona, Ajuntament de Girona; Barcelona, Publicacions de l'Abadia de Montserrat, Biblioteca Abat Oliba; 132, 137.

HOSTA. M., SOLER, S. 2008, El convent dels Carmelites descalços de Girona en el primer terç del segle XIX. L'últim inventari del convent, *Annals de l'Institut d'Estudis Gironins* 49, 205-225.

KNOWLES, D. 1969, *El monacato cristiano*, Madrid, Guadarrama, Biblioteca para el hombre actual; 45.

LASSALLE, V. 1970, *L'influence antique dans l'art roman provençal*, Paris, E. de Boccard, Revue Archéologique de Narbonnaise. Supplément; 2.

LORÉS, I. 1990, Escultura gironina del cercle del claustre de la seu de Girona: alguns fragments de la catedral i del Museu d'Art, *Estudi General* 10 (Girona revisitada. Estudis d'art medieval i modern), 71-92.

MADURELL, J. M. 1950, *El pintor Lluís Borrassà. Su vida, su tiempo, sus seguidores y sus obras. II, Apéndice documental*, Barcelona, Ayuntamiento de Barcelona, Anales y Boletín de los Museos de Arte de Barcelona; 8.

MADURELL, J. M. 1964-1965, Las obras de las murallas de Gerona (1362-1685). Notas documentales para su historia, *Anales del Instituto de Estudios Gerundenses* 17, 331-372.

MALLORQUÍ, E. 2008, El castell de Sant Esteve de Mar i el litoral palamosí al segle XI, *Estudis del Baix Empordà* 27, 25-66.

MARCA, P. 1688, *Marca Hispanica sive limes hispanicus, hoc est, geographica & historica descriptio Cataloniae, Ruscinonis, & circumjacentium populorum*, Paris, F. Muguet.

MARQUÈS, J. 1979, *Girona vella*, Girona, Grafís/sant.

MARQUÈS, J. 1981, Els vitralls de la seu de Girona, *Revista de Girona* 97, 267-274.

MARQUÈS, J. M. 1995, Creació i extinció de parròquies al bisbat de Girona, *Annals de l'institut d'Estudis Gironins* 35, 405-446.

MARQUÈS, J. M. 2000, *Per les esglésies*, Girona, Diputació de Girona; Caixa de Girona, Quaderns de la Revista de Girona; 88. Guies, 37.

MARQUÈS, J. M. 2007, *Una història de la diòcesi de Girona (ca. 300-2000)*, Girona, Bisbat de Girona; Barcelona, Publicacions de l'Abadia de Montserrat.

MARQUÈS, J. M. 2009, *Inscripcions i sepultures de la catedral de Girona*. Girona, Diputació de Girona. Col·lecció Francesc Eiximenis; 10.

MARQUÈS, J., MIRAMBELL, E., SAGRERA, J. 1994, *Els Banys Àrabs de Girona*, Girona, Consell Comarcal del Gironès.

MERINO, A., LA CANAL, J. 1819, *España Sagrada*, 43, Madrid, En la imprenta de Collado.

MIRAMBELL, E. 1988, *Història de la impremta a la ciutat de Girona*, Girona, Institut d'Estudis Gironins, Col·lecció de monografies de l'Institut d'Estudis Gironins; 15.

MOLI, M., [s.d.], Llum, color i música a la Vall Ombrosa. El retaule i els orgues barrocs de Sant Pere de Galligants, [*Annals de l'Institut d'Estudis*

Gironins, en premsa].

MOLI, M. 2007, Bartomeu Triaÿ, Josep Boscà i els orgues de Girona. L'orgue de Cadaqués (1689-1691) i (1706-1708), *Annals de l'Institut d'Estudis Gironins*, 48, 217-285.

MONSALVATJE, F. 1904, *Los monasterios de la diócesis gerundense*, Olot, Imprenta y Librería de Juan Bonet, Noticias Históricas; 14.

MURLÀ, J. 1983, Notícia dels temples de l'ardiaconat de Besalú a través d'un document del bisbe Josep de Taberner i d'Ardena, *Amics de Besalú. IV Assemblea d'Estudis sobre el comtat de Besalú. Actes i comunicacions*. Camprodon 1980, vol. 1, 155-194.

NEGRE, P. 1981, Comentari d'uns documents relatius a la Confraria de Sant Jordi, *Annals de l'Institut d'Estudis Gironins*, 25.2, 11-27.

NOLLA, J. M., SUREDA, M. 1999, El món funerari antic, tardoantic i altomedieval a la ciutat de Girona. Un estat de la qüestió, *Annals de l'Institut d'Estudis Gironins* 40, 13-66.

OLIVA, M., 1953, *San Pedro de Galligans y los problemas de su restauración. San Nicolás, de Gerona* [inèdit. Premiat en els Jocs Florals de les Fires de Girona de 1953].

PALOL, P. de 1949, Museo Arqueológico Provincial de Gerona. Obras de restauración en la iglesia de San Pedro de Galligans (Museo Arqueológico), *Anales del Instituto de Estudios Gerundenses* 4, 324-325.

PALOL, P. de 1951, Museo Arqueológico Provincial de Gerona. Ingresos del año 1951, *Anales del Instituto de Estudios Gerundenses* 6, 362-363.

[PATXOT, F.] 1859, *Las delicias del claustro y mis últimos momentos en su seno. Tercera y última parte de Las ruinas de mi convento y de Mi claustro*. Madrid, Librerías de D. José Cuesta y de D. A. San Martín, Barcelona, Imprenta de D. Tomás Gorchs.

PLA I CARGOL, J. 1948, *Gerona popular*, Gerona, Dalmáu-Carles, Pla.

PUIG I CADAFALCH, J., FALGUERA, J., GODAY, J. 1909-1918, *L'arquitectura romànica a Catalunya*, Barcelona, Institut d'Estudis Catalans.

PUIGDEVALL, N. 1992, *Història de la comunitat cistercenca de Cadins* (1169-1992), Girona, Diputació de Girona.

PUJADES, J. 1829-1832, *Crónica universal del Principado de Cataluña* (edició de F. Torres Amat, A. Pujol i P. de Bofarull) Barcelona. Imprenta de José Torner.

ROIG I JALPÍ, J. G. 1678, *Resumen historial de las grandezas y antigüedades de la ciudad de Gerona, y cosas memorables suyas eclesiásticas, y seculares, assí de nuestros tiempos, como de los passados*, Barcelona, Iacinto Andreu.

ROURA, G. 1990, L'ofici de Sant Carlemany al bisbat de Girona, *Miscel·lània litúrgica catalana* 4, 37-56.

SAGARRA, F. 1915-1932, *Sigillografia catalana. Inventari, descripció i estudi dels segells de Catalunya*, Barcelona, Henrich i Cia.

SALRACH, J. M. 1995, Memòria, poder i devoció: donacions catalanes a La Grassa (s. IX-XII), in Sénac, P. (ed.), *Histoire et archéologie des terres catalanes au Moyen Âge*, Perpignan, Presses Universitaires de Perpignan, 101-117.

SANABRE, J. 1956, *La acción de Francia en Cataluña en pugna por la hegemonía de Europa (1640-1659)*, Barcelona, [s.n.].

SANS I TRAVÉ, J. M. (ed.) 1994-2007, *Dietaris de la Generalitat de Catalunya*, Barcelona, Generalitat de Catalunya.

SCHNEIDER, E. [s.d.], *Les heures bénédictines. Notes sur la vie des moines*, Paris, Paul Ollendorff [http://www.archive.org/details/lesheuresbnd00schnuoft. Consulta: 21 mayo 2010].

SIMON, A. 2009, La Diputació del General als segles medievals i moderns (1359-1714). Una institució clau en el model d'estat pactista català, *Via* 11, 45-55.

SIMON, A., ALBERCH, R. 1982, L'economia i la població gironina segons el fogatge de l'any 1558, *Estudi General* 2 (Girona a l'època moderna: demografia i economia), 33-57.

SOLÀ, X. 2007, L'Església a la ciutat de Girona: de la Reforma Catòlica de mitjan segle XVI al reformisme episcopal de finals del segle XVIII, in Ajuntament de Girona (ed.), *Església, societat i poder a Girona. Segles XVI-XX*, Girona, Ajuntament de Girona (Servei de Gestió Documental, Arxius i Publicacions), 93-135.

SOLÀ, X. 2008, *La reforma catòlica a la muntanya catalana a través de les visites pastorals: els bisbats de Girona i Vic (1587-1800)*. Girona, Associació d'Història Rural de les Comarques Gironines, Centre de Recerca d'Història Rural de la Universitat de Girona Documenta Universitaria, Estudis; 12.

STREET, G. E. 1865, *Some account of Gothic architecture in Spain*, London, John Murray.

SUREDA, M. 2008, Sobre el drama pasqual a la seu romànica de Girona. Arquitectura i litúrgia (ss. XI-XIV), *Miscel·lània litúrgica catalana* 16, 105-130.

TRENCHS, J. 1980, Documentos pontificios sobre la peste negra en la diócesis de Gerona, *Cuadernos de Trabajos de la Escuela Española de Historia y Arqueología en Roma* 14, 183-230.

VILLANUEVA, J. 1850, *Viage literario á las iglesias de España, 13-14*, Madrid, Imprenta de la Real Academia de la Historia.

ZARAGOZA, E. 1998, Notícies històriques dels monestirs de Galligants, Fluvià i Cruïlles, *Annals de l'Institut d'Estudis Gironins* 39, 199-215.

lan.com/02c-Girona/Girones/Galligans/Galliganscat.htm [Consulta: 21 mayo 2010].

Servei de Gestió Documental, Arxius i Publicacions (Ajuntament de Girona). Premsa digitalitzada: http://www.girona.cat/sgdap/cat/premsa.php [Consulta: 21 mayo 2010].

Versión de textos

Biblia de Jerusalén, Bilbao, Desclée de Brouwer [http://kolpinglinks. net/1_ docs/50_ biblia.html. Consulta: 21 marzo 2011]

Obras completas de Marco Tulio Cicerón. Tomo V, Cuestiones tusculanas; De la adivinación; Del hado (trad. de Marcelino Menéndez Pelayo). Madrid, Sucesores de Hernando, 1924.

Regla de San Benito, Biblioteca de la Abadía de Santo Domingo de Silos, Digital; 1 [http://www.bibliotecadesilos.es/es/contenido/?idsec= 417. Consulta: 21 marzo 2011].

Enlaces www

Biblioteca i Arxiu Diocesà de Girona: http://www.arxiuadg.org/ [Consulta: 21 mayo 2010].

Pedres de Girona: http://www.pedresdegirona.com/ (diverses seccions dedicades a Sant Pere de Galligants) [Consulta: 21 mayo 2010].

Románico Catalán (Sant Pere de Galligants): http://www.romanicocata-

Créditos

Edición
Museu d'Arqueologia de Catalunya - Girona

Texto
Josep M. Llorens i Rams

Fotografía
Jordi S. Carrera

Coordinación editorial
Carme Baqué

Diseño gráfico
Según adaptación del diseño de Josep M. Mir

Realización
Impremta Aubert

ISBN
978-84-393-8711-4

Depósito legal
GI-579-2011